Christian Pierrat

La gestion financière de l'entreprise

NOUVELLE ÉDITION ENTIÈREMENT REFONDUE
ET MISE À JOUR

La Découverte
9 *bis*, rue Abel-Hovelacque
75013 Paris

La première édition de cet ouvrage a été publiée en 1996, dans la même collection, sous le titre *La Politique financière de l'entreprise*.

Du même auteur

Évaluer une entreprise. Cession, gestion, transmission, préface de Hervé Sérieyx, Nathan, Paris, 1990.

La Politique financière de l'entreprise, La Découverte, « Repères », Paris, 1996.

La Gestion de l'immatériel. Évaluation et pilotage, en collaboration avec Bernard Martory, préface de Élie Cohen, Nathan, Paris, 1996.

ISBN 10 : 2-7071-4227-1
ISBN 13 : 978-2-7071-4227-6

Si vous désirez être tenu régulièrement informé de nos parutions, il vous suffit d'envoyer vos nom et adresse aux Éditions La Découverte, 9 *bis*, rue Abel-Hovelacque, 75013 Paris. Vous recevrez gratuitement notre bulletin trimestriel ***À la Découverte***. Vous pouvez également retrouver l'ensemble de notre catalogue et nous contacter sur notre site **www.editionsladecouverte.fr**.

Introduction

De toutes les fonctions auxquelles la gestion de l'entreprise fait appel, la fonction financière est incontestablement la fonction dominante et elle le restera sans doute longtemps encore ; tout simplement parce qu'elle est à l'origine et à l'aboutissement de la plupart des processus économiques : sans argent, on ne fait pas grand-chose ; sans revenus, on ne survit pas longtemps.

En bonne logique, tout le monde devrait s'intéresser de près à ces aspects financiers dont la maîtrise est essentielle pour la bonne marche des entreprises. On observe au contraire que nombreux sont ceux qui préfèrent rester à l'écart en avançant des prétextes aussi variés qu'inopérants : « C'est compliqué » ; « C'est trop de responsabilités » ; « Je ne suis pas fait pour cela ». Parfois, le refus de connaître va jusqu'au rejet et à la critique la plus injustifiée : « Les financiers n'ont pas de cœur » ; « Il faut préférer le développement à long terme aux bénéfices à court terme » ; « L'entreprise n'est pas faite que de chiffres ».

Les principes et le contenu de la gestion financière n'ont pourtant pas de quoi susciter de telles réactions. L'important est d'abord de bien comprendre en quoi consistent les problématiques financières : elles sont relativement simples et elles n'ont pas de connotation particulière. Ensuite, il faut faire l'effort de s'intéresser aux instruments qui permettent de les appréhender et de les mesurer : ils sont pour la plupart accessibles à un large public. Pour finir, être en mesure de prendre des décisions dans le domaine financier, voire seulement de comprendre celles qui sont prises par d'autres, n'est généralement qu'une simple affaire de bon sens.

Le fonctionnement financier d'une entreprise

La meilleure façon d'aborder la finance est sans doute celle qui consiste à observer les problèmes financiers qui touchent l'entreprise. Nous les avons résumés sous forme d'un « circuit » dans le schéma ci-dessous. La partie supérieure du schéma correspond à la dialectique de l'origine et de l'utilisation des capitaux manipulés par l'entreprise. La partie inférieure traduit quant à elle la discipline du coût et du revenu de ces mêmes capitaux.

Le « circuit » financier de l'entreprise

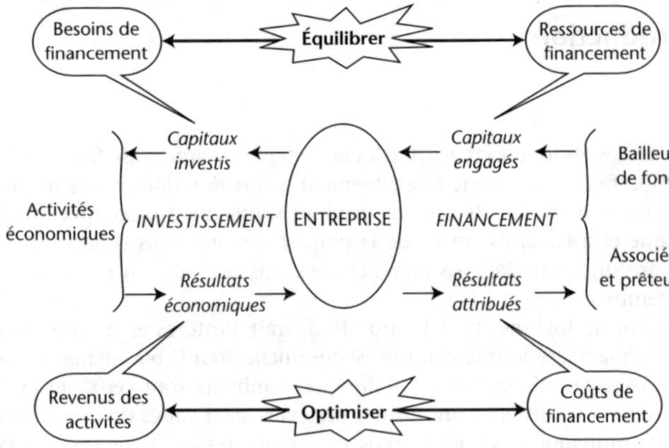

Pour créer une entreprise, il faut le plus souvent disposer de capitaux importants pour financer les investissements et les activités à développer. Pour faire face à ces besoins de financement, l'entreprise doit se procurer des capitaux auprès de bailleurs de fonds qui acceptent de mettre des ressources à sa disposition pendant un certain temps en échange d'une rémunération.

La première problématique financière est celle de l'« équilibre » qui s'instaure entre ses besoins et ses ressources. Il a un aspect *quantitatif* puisqu'il est obligatoire que les ressources soient supérieures aux besoins. Il a un aspect *qualitatif* du fait que les ressources doivent présenter un degré de stabilité comparable à celui des besoins. Il a également un aspect *structurel* en ce sens que les ressources doivent être proportionnées entre elles et que les besoins doivent être adaptés au niveau de l'activité.

Les apporteurs de capitaux, qu'ils aient choisi d'intervenir comme associés ou comme prêteurs, attendent une juste rémunération de leur placement et de leur risque. Cela constitue une contrainte forte pour l'entreprise qui doit satisfaire leur attente en faisant face à ce qu'il est convenu de nommer le « coût du capital ». Pour cela, l'entreprise n'a pas d'autre choix que de dégager de ses activités un excédent de revenu économique sur ses coûts d'exploitation.

La seconde problématique financière est celle de l'« optimisation » qui se mesure par la relation qui s'instaure entre les revenus économiques et le coût moyen du capital. Si le revenu économique est supérieur ou égal au coût du capital, la satisfaction des apporteurs de capitaux est acquise et la pérennité de la firme est garantie. Mieux, cette situation caractérise une certaine création de valeur au profit des associés dont les droits dans la firme se valorisent sur le marché financier. Le cas inverse conduit à une diminution de la richesse des associés et à une destruction de valeur pouvant déboucher sur une situation de crise.

Contours de la gestion financière

La « gestion financière » est l'ensemble des pratiques qui visent à atteindre les objectifs d'équilibre et d'optimisation relatifs au circuit financier d'une entreprise.

Comme tout acte de gestion, elle se déroule sous forme de processus en quatre phases :

1) collecte d'informations sur les questions à traiter ;
2) analyse des problèmes à l'aide de modèles conceptuels ;
3) prise de décision en fonction de critères prédéfinis ;
4) mise en œuvre et exécution.

Il est important d'observer que la gestion financière utilise des données informationnelles qui sont exclusivement monétaires et que les questions qu'elle doit résoudre sont totalement liées à des sommes d'argent. Sur le plan des modèles mis en œuvre, elle repose avant tout sur la définition d'instruments de mesure, de comparaison et d'évaluation. Les critères de décision qu'elle met en avant s'analysent presque toujours comme des seuils quantitatifs à atteindre ou à ne pas dépasser. Sa réalisation et l'exécution des décisions qui en ressortent touchent cependant l'ensemble des aspects « physiques » de l'entreprise : elle pilote l'intégralité des autres fonctions et elle s'impose notamment à la production, au commercial et au stratégique.

La gestion financière comporte cinq volets principaux qui sont développés dans les cinq chapitres de cet ouvrage :

— l'identification et l'analyse des besoins de financement ;

— la recherche des ressources financières et l'équilibre avec les emplois de fonds ;

— le suivi de la performance financière, des *cash flows* et de la rentabilité ;

— l'optimisation de la structure des financements et du coût qui en résulte ;

— la prise de décision d'investissement sous contrainte de rentabilité et d'équilibre.

Certains auteurs ont une conception « extensive » de la gestion financière et y incorporent des domaines très techniques tels que la « gestion de trésorerie » ou la « gestion du risque de change » et des domaines très spécifiques comme l'« ingénierie financière » ou l'« évaluation d'entreprise ». La « gestion financière » est alors assimilée à ce qu'il est convenu d'appeler la « finance d'entreprise » par analogie avec la définition internationale de la *corporate finance* et par opposition avec la « finance de marché ». Il nous a semblé plus percutant de limiter le propos au « noyau dur » du domaine afin de mieux faire apparaître ses caractéristiques fondamentales.

C'est logiquement à la direction financière de l'entreprise que revient la plus grosse partie de la gestion financière. Sa préparation et sa mise en œuvre font partie intégrante du travail d'un directeur financier. Ses autres attributions sont généralement la supervision des services comptables, des services administratifs, du service de contrôle de gestion et du service de gestion de la trésorerie, chacun de ces services ayant un rôle à jouer à un moment ou un autre dans le processus financier. Mais comme plusieurs aspects de la gestion financière touchent au plus profond de l'essence de l'entreprise ou de son interface avec les organismes extérieurs qui la contrôlent, il serait inconcevable que la direction générale ne s'implique pas dans leur traitement.

Quelle que soit la manière dont un dirigeant envisage de *manager* son affaire, il ne peut se désintéresser des choix financiers qui constituent le cœur de sa responsabilité personnelle. On lui pardonnera peut-être de n'avoir pas su prendre la meilleure décision mais on lui reprochera toujours d'avoir gaspillé les ressources et les chances de l'entreprise alors qu'il aurait pu facilement l'éviter. Par rapport au fait financier, il y a en particulier deux comportements opposés qui se révèlent également fatals :

— ignorer, par aveuglement ou par paresse, les chiffres et les contraintes qu'ils font peser sur l'entreprise ;

— se laisser leurrer par des chiffres déconnectés de la réalité qu'ils sont supposés représenter, par suite d'erreurs ou de manipulations.

Ces risques ne pèsent d'ailleurs pas que sur les seuls dirigeants, ils concernent aussi ceux qui les assistent et les conseillent.

I / Les besoins de financement de l'entreprise

Dans la grande majorité des cas, pour créer une entreprise, il faut de l'argent. Mais il n'est pas toujours facile de comprendre pourquoi il faut de l'argent et surtout combien il en faut. Le *pourquoi* implique d'identifier ce que l'on appelle les « besoins de financement » de l'entreprise. Le *combien* est une simple question de mesure de l'importance absolue et relative des différents besoins. La gestion des besoins de financement consiste à essayer de les réduire à leur plus bas niveau possible.

Origine et identification des besoins de financement

Les besoins de financement naissent en raison des décalages qui existent entre les dépenses et les recettes de l'entreprise.

Considérons par exemple une entreprise de travail temporaire très simplifiée dont l'activité consisterait à embaucher des individus, à les rémunérer sous forme de salaires et à vendre leur travail à prix coûtant aux clients. Si elle paie ses salariés en fin de mois et que ses clients la paient également en fin de mois, l'activité ne génère pas de besoin financier puisque l'encaissement du chiffre d'affaires permet de faire face sans délai au décaissement des salaires. En revanche, si elle doit payer ses salariés en fin de mois, alors que ses clients ne la paient que deux mois plus tard, le décalage se traduit par un besoin de financement égal à deux mois de salaire.

Besoins permanents et besoins temporaires

Certains décalages sont temporaires, d'autres sont permanents. Il en résulte que certains besoins de financement sont temporaires tandis que les autres sont permanents. Dans l'exemple précédent, s'agit-il d'un besoin temporaire ou d'un besoin permanent ? Le tableau ci-après résume la situation (en supposant que chiffre d'affaires et salaires valent 100).

Mois	1	2	3	4	Etc.
Chiffre d'affaires encaissé	0	0	100	100	100
Salaires décaissés	– 100	– 100	– 100	– 100	– 100
Flux mensuel net	– 100	– 100	0	0	0
Cumul (besoin)	– 100	– 200	– 200	– 200	– 200

Il est clair qu'une fois la période de démarrage passée, un besoin de financement égal à 200 est devenu permanent. Cela signifie que, pour créer cette entreprise, dans ces conditions d'exploitation, il faut au minimum disposer d'un montant de 200 et que cet argent restera *bloqué* dans l'affaire jusqu'à la cessation de l'activité.

Un besoin financier permanent résulte d'un décalage entre la date à laquelle apparaît le besoin initial et la date à partir de laquelle une recette permet de couvrir ce besoin. Il présente un caractère permanent dès lors que le processus se renouvelle à l'identique à chaque période, le décalage persiste et le besoin se reproduit sans cesse, tant que dure l'activité.

Il n'apparaît pas directement de besoin temporaire dans l'exemple précédent mais cela pourrait arriver si un client venait à prendre du retard pour régler son dû. Supposons ainsi que le client « saute » le règlement d'un mois M donné et ne paie sa facture qu'avec un mois de retard en même temps que le règlement normal du mois M + 1 ; cela se traduirait par les nouveaux flux suivants.

Mois	M – 2	M – 1	M	M + 1	M + 2	Etc.
Chiffre d'affaires encaissé	100	100	0	200	100	100
Salaires décaissés	– 100	– 100	– 100	– 100	– 100	– 100
Flux mensuel net	0	0	– 100	100	0	0
Cumul (besoin)	– 200	– 200	– 300	– 200	– 200	– 200

Le retard du client fait apparaître une pointe de besoin de financement à la date M qui disparaît avec le retour à la normale à la date M + 1. Cette figure caractérise un besoin de financement temporaire puisque celui-ci n'est sensible que pendant une certaine durée et qu'il ne se reproduit pas. *Un besoin financier temporaire résulte d'un décalage entre la date réelle à laquelle une opération est réglée et la date à laquelle cette opération aurait dû normalement être réglée*. Un tel besoin de financement temporaire ne peut donc se définir que par rapport à une situation normale de référence.

De ce qui précède, on peut tirer au moins trois enseignements qui se complètent : 1) les besoins de financement d'une entreprise ne peuvent être appréhendés qu'en fonction des modalités d'exercice de son activité ; 2) aux modalités d'exercice *normales* correspondent les besoins de financement permanents qui caractérisent une situation stabilisée, au moins sur

Le vocabulaire des flux financiers

Trésorerie-actif : ensemble des disponibilités de l'entreprise (espèces en caisse, dépôts sur un compte bancaire ou un CCP, placements à court terme, instruments financiers acquis…) = *cash* (en anglais).
Flux de trésorerie : entrée ou sortie de trésorerie = *cash flow*.
Recette : entrée de trésorerie = encaissement = flux de trésorerie positif = *cash-in*.
Dépense : sortie de trésorerie = décaissement = flux financier négatif = *cash-out*.

une certaine durée ; 3) les besoins de financement temporaires résultent quant à eux de fluctuations autour de la *normale* et ils ne sont pas récurrents.

Les besoins de financement permanents intéressent la gestion financière de l'entreprise dans le moyen et le long terme. Leur évolution est liée à celle de l'entreprise et ils présentent un caractère incontournable. Ils doivent autant que possible être financés par des ressources elles-mêmes permanentes. Pour leur part, les besoins de financement temporaires justifient la « gestion de trésorerie » qui n'entre pas dans le champ de cet ouvrage.

La définition statique des besoins

Nous allons maintenant faire l'inventaire des besoins de financement d'une entreprise en passant en revue les principales rubriques *à une date donnée*. Autrement dit, nous allons recenser les décalages financiers majeurs qui sont susceptibles de donner naissance à un besoin de financement permanent. Quels sont les postes intéressants ?

Les *immobilisations* sont les biens et droits durables possédés par l'entreprise qui constituent son outil de production. La comptabilité distingue les immobilisations corporelles (terrains, constructions, matériels…), les immobilisations incorporelles (brevets, marques…) et les immobilisations financières (titres de propriété des filiales, dépôts et cautionnements…). Ces éléments génèrent des besoins permanents car ils doivent être acquis, et payés, dès le début d'une activité alors qu'il ne leur correspond aucune recette spécifique. Par exemple, l'artisan qui s'installe comme « taxi » doit impérativement acquérir un véhicule pour exercer sa profession. Cela implique qu'il dépense une somme de l'ordre de 30 000 euros qu'il ne récupérera jamais directement. Pour les immobilisations, le décalage initial qui détermine le besoin serait infini s'il n'était pas progressivement réduit par le jeu des dépréciations. Le vocable qui les désigne est d'ailleurs très parlant : elles constituent une « immobilisation » d'argent à la fois durable et conséquente.

Les *stocks* sont les éléments dont la disposition est rendue nécessaire par l'optimisation du processus de production de l'entreprise. On doit distinguer entre les stocks « amont » (matières premières, marchandises, composants, fournitures…) et les stocks « aval » (en-cours de production, produits intermédiaires, produits finis…). Les stocks amont résultent du décalage entre la date d'approvisionnement et la date de mise en œuvre dans le cadre de la production. Les stocks aval sont la conséquence du décalage entre la date de la production et la date de la vente. À la différence des immobilisations, les stocks « tournent » pendant la vie de l'entreprise. Mais leur maintien à un niveau minimum est tout aussi nécessaire à l'activité qui s'arrêterait bien vite s'il venait à en manquer. Ils constituent de la sorte un besoin de financement permanent.

Les *créances commerciales* résultent du décalage entre la date d'une vente (date de sortie du stock pour les produits finis) et la date à laquelle le client paie la facture. Même lorsque le paiement est stipulé comptant à réception de facture, il s'écoule toujours un minimum de 10 à 15 jours entre la date de livraison et la date d'encaissement du titre de paiement. *A fortiori*, lorsque l'entreprise accorde un crédit à ses clients, le délai séparant le paiement de la livraison peut s'élever à 30, 60, 90 et jusqu'à 120 jours, voire plus. Ce crédit est considéré comme gratuit tant que les usages de la profession sont respectés, il présente un gain d'opportunité ou un coût en deçà et au-delà. Une créance donnée finit le plus souvent par être payée un jour ou l'autre. Si elle n'est pas remplacée par d'autres, elle aura constitué un besoin temporaire. Mais si elle a été renouvelée de telle sorte qu'il existe toujours un volant de créances de même nature en dessous duquel il est impossible de descendre sans changer la relation avec la clientèle, ce volant constitue par essence un besoin permanent.

Les besoins de financement « de base »

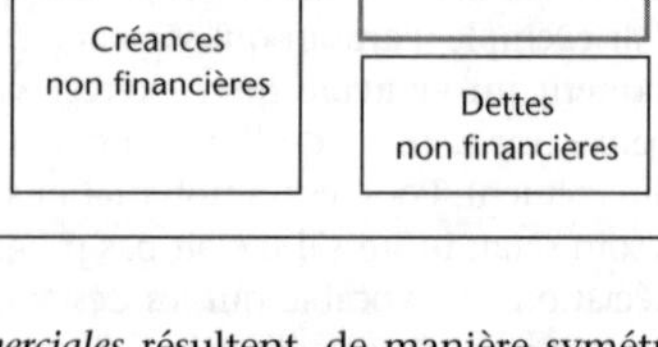

Les *dettes commerciales* résultent, de manière symétrique, du décalage entre la date d'un achat et la date à laquelle l'entreprise paie la facture du fournisseur. Bien sûr, il ne s'agit pas d'un besoin mais d'une ressource de financement qui est la réciproque directe du besoin né des créances. Elle en a exactement la même nature, la même dynamique et le même caractère « obligé ». Par ailleurs, elle est une ressource à coût nul, sous la seule réserve du respect des usages de la profession. Enfin, le niveau des dettes commerciales est étroitement lié à l'activité de l'entreprise, comme ses besoins de financement, et pas du tout à la recherche de ressources financières. Dès lors, il est beaucoup plus logique de considérer qu'il s'agit d'un *besoin de financement permanent négatif* plutôt que d'une ressource.

Les *autres créances et dettes d'exploitation*, en particulier les créances et dettes fiscales (TVA, acomptes de taxe professionnelle...) et sociales (dettes envers les salariés, dettes envers les organismes sociaux...) constituent également des besoins de financement. Elles résultent bien d'un décalage entre leur date d'exigibilité (ou la date de leur fait générateur) et la date de leur règlement. Selon que ces postes ont une nature cyclique ou un caractère non récurrent, ils peuvent constituer respectivement des besoins permanents ou des besoins temporaires.

Nous avons résumé cet inventaire en ayant recours à une présentation schématique sous forme de « bilan » qui récapitule les différents besoins de financement d'une entreprise et qui permet de poser une première égalité :

Besoins de financement totaux = Immobilisations + Stocks + Créances non financières – Dettes non financières.

Il est important de noter que certains des éléments précédents peuvent ne pas figurer à l'actif d'un bilan comptable officiel et doivent alors y être rajoutés. Il s'agit par exemple des immobilisations financées par un crédit-bail ou des créances escomptées ou cédées à un organisme de crédit. En plus, d'autres retraitements du bilan comptable sont souvent rendus nécessaires.

L'incidence des modalités d'exercice de l'activité

Les besoins de financement n'ont pas tous la même intensité et ne sont pas les mêmes pour toutes les entreprises. S'il ne lui est pas possible de supprimer les besoins fondamentaux inhérents à son activité, une entreprise peut toujours se dégager des besoins qui n'y sont pas liés. Mais la frontière entre ces deux ensembles est imprécise et son tracé implique de bien définir ce qui détermine les contours de l'activité à laquelle les besoins financiers sont directement reliés.

La source : les cycles de fonctionnement de l'entreprise

Une importante distinction doit être faite entre les besoins financiers qui trouvent leur source dans l'activité et les besoins qui ont d'autres causes. Cette distinction peut être expliquée simplement à partir de la notion de cycle. Un cycle est une succession de phases qui ont lieu les unes après les autres avant de recommencer à l'identique. L'activité économique d'une entreprise ne comporte que deux cycles : le cycle d'équipement et le cycle d'exploitation :

— le *cycle d'équipement* est la succession des étapes au cours desquelles l'entreprise se procure un outil de production, utilise cet outil pour mener son activité (ce qui provoque son usure et l'expose à l'obsolescence), puis le remplace lorsqu'il est hors d'usage et/ou obsolète. À ce cycle d'équipement correspond un besoin unique : le besoin que représente la valeur des immobilisations utilisées dans son activité. Bien que ce terme ne soit pas normalisé, on peut désigner par « besoin de financement des immobilisations » (BFI) la *somme des valeurs nettes des immobilisations (d'exploitation) de l'entreprise.* C'est en principe un besoin permanent ;

— le *cycle d'exploitation* est la succession des étapes au cours desquelles l'entreprise se procure les constituants de sa production, réalise cette production et la livre à ses clients. Au cycle d'exploitation correspond un ensemble de besoins financiers spécifiques : le besoin que représente la valeur des stocks, le besoin correspondant à la valeur des créances sur les clients diminuée de la valeur des dettes envers les fournisseurs, auxquels il faut rajouter le besoin issu des créances/dettes sociales et fiscales trouvant leur origine dans la production. La somme algébrique de ces besoins est traditionnellement nommée « besoin en fonds de roulement » (BFR). Cette expression a aujourd'hui perdu son sens explicatif et il faut plutôt se rappeler que le BFR représente le *besoin de financement net permanent généré par le cycle d'exploitation.*

La somme des immobilisations d'exploitation et du besoin en fonds de roulement d'exploitation est souvent nommée « actif économique d'exploitation » (AE ou AEE). C'est le montant total des besoins permanents de financement d'une entreprise qui résulte de ses modalités normales de fonctionnement en termes de processus de production et de distribution (immobilisations et stocks) et en termes de relations avec ses partenaires (créances et dettes non financières). Il représente le montant minimum de capitaux qu'il est nécessaire d'avoir injecté dans l'entreprise à un moment donné pour lui permettre de fonctionner. C'est la raison pour laquelle il est parfois présenté comme la somme des « capitaux permanents nécessaires à l'exploitation » (CPNE).

Les besoins de financement issus des deux cycles économiques ne représentent pas la totalité des besoins de l'entreprise. Il existe des besoins hors cycles qui peuvent relever soit de la catégorie des immobilisations soit de la catégorie des actifs/passifs circulants. Il est d'usage de les désigner comme étant des « actifs hors exploitation » (AHE) :

— une *immobilisation hors exploitation* est un bien durable acquis par l'entreprise qui n'est pas nécessaire à son activité principale. Il s'agit le plus souvent des titres de participation qui peuvent être détenus par une entreprise non financière, parfois d'immeubles spéculatifs ou locatifs non liés à l'activité principale ou d'éléments du même type ;

Les « masses » de besoins financiers

BFI = Besoin de financement des immobilisations (d'exploitation)
= Immobilisations d'exploitation.
BFR = Besoin en fonds de roulement (d'exploitation)
= Stocks + Créances d'exploitation – Dettes d'exploitation.
AE (E) = Actif économique (d'exploitation)
= Immobilisations + Stocks + Créances d'exploitation – Dettes d'exploitation
= BFI + BFR.
AHE = Actifs (économiques) hors exploitation
= Immobilisations hors exploitation + « BFR » hors exploitation (créances – dettes).
BFT = Besoins financiers totaux.

BFT = [BFI + BFR] + AHE = AE + AHE.

— un *« BFR » hors exploitation* est une créance ou une dette à courte échéance (moins d'un an) qui n'a pas de caractère récurrent. Ce peut être le cas d'une créance liée à la vente inhabituelle d'un actif ou d'une dette envers un avocat relative à une intervention ponctuelle. Bien que son mode de calcul (créances – dettes) soit semblable à celui du BFR d'exploitation, la nature financière du « BFR » hors exploitation est totalement différente et l'utilisation de la même terminologie pour le désigner est plutôt malheureuse.

Les AHE peuvent avoir un caractère permanent ou un caractère temporaire, selon la nature de l'élément considéré et l'intention de l'entreprise à son égard. Il est clair qu'une participation représente un besoin permanent, tandis qu'une dette sur achat d'immobilisation a une existence

---

Les composantes du besoin de financement total

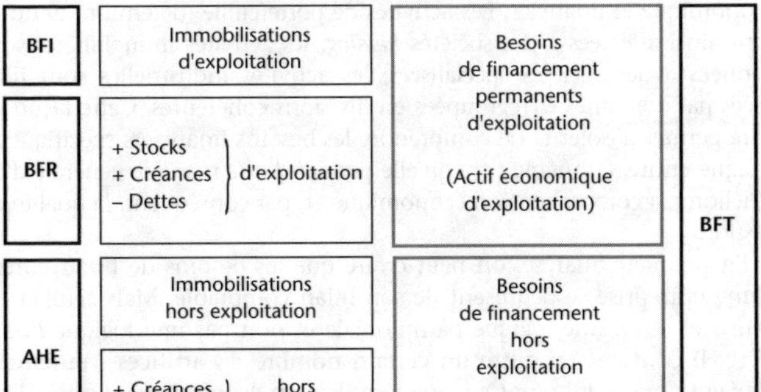

« Brut » ou « net » ?

Pour l'estimation des besoins de financement, il est possible de raisonner en valeurs brutes (valeurs historiques *avant* dépréciation) ou en valeurs nettes (valeurs nettes comptables *après* dépréciation). Quelle formule faut-il préférer ? Le débat, qui a fait rage entre les experts, est aujourd'hui définitivement clos : lorsqu'on raisonne à des dates données, il faut estimer les besoins de financement permanents en *valeur nette.*

La première raison en est très simple : c'est la seule méthode qui permet d'obtenir des chiffres qui soient comparables d'une date à une autre. En effet, il est facile d'observer que le niveau des immobilisations nettes d'une entreprise reste très stable dès lors qu'elle renouvelle régulièrement son outil de production. À l'inverse, leur valeur brute ne fait qu'augmenter en dehors de toute croissance réelle.

D'autres raisons militent pour le raisonnement en « net » dont l'intérêt est largement supérieur à celui du « brut » mais il nécessite quelques précautions dans certaines situations particulières, notamment quand l'entreprise pratique une politique d'amortissement comptable inhabituelle ou quand ses acquisitions d'immobilisations ne sont pas régulières. Le calcul en « brut » est en revanche bien adapté lorsque l'on raisonne au niveau d'une opération d'investissement prise dans sa globalité (*cf.* chapitre v).

éphémère. Il s'agit là d'une situation de fait qui ne doit pas faire oublier le fond : l'entreprise a toujours la possibilité de se défaire d'un actif non essentiel pour son activité et supprimer de ce fait le besoin correspondant. C'est la raison pour laquelle les experts sont amenés à séparer les analyses entre les besoins de financement vitaux et les autres ; ces derniers, les *actifs hors exploitation*, peuvent le plus souvent être assimilés à de la trésorerie improductive.

L'identification de ce qui est lié ou non à l'activité n'est pas toujours facile à faire et c'est pourquoi la plupart des entreprises bien gérées qui atteignent une taille importante cherchent à se doter de structures (juridiques) qui leur permettent d'identifier des ensembles homogènes au plan économique et financier. Les activités de portefeuille (détention de titres) sont ainsi affectées à des sociétés *holding*, les activités immobilières sont confiées à des sociétés spécialisées, les activités industrielles sont filialisées par domaines et regroupées en divisions cohérentes. Cette façon de faire permet d'isoler et de comprendre les besoins financiers spécifiques à chaque entité, au même titre qu'elle permet d'une manière générale d'en améliorer la compréhension économique et, par conséquent, la qualité de gestion.

En première analyse, on peut croire que les besoins de financement d'une entreprise se déduisent de son bilan comptable. Mais celui-ci est construit selon une logique patrimoniale et non pas une logique financière. Il contient en outre un certain nombre d'« artifices » purement conventionnels qui n'ont aucune signification économique propre. Il est donc nécessaire d'y pratiquer des regroupements et des retraitements pour calculer avec précision les besoins de financement.

Les différences entre secteurs d'activité

Chaque type d'entreprises a des besoins spécifiques et nous allons le vérifier en passant en revue les besoins financiers des principales catégories. Nous laissons volontairement de côté les banques et les compagnies d'assurance dont la spécificité en la matière est totale puisque les besoins de ces entités ne relèvent pas de causes économiques mais de contraintes réglementaires. Nous laissons également de côté les sociétés de portefeuille, dites sociétés *holding,* dont les besoins de financement sont principalement liés au portage de titres de participation et à des créances nettes sur les sociétés du groupe. Pour une *holding,* il convient de déplacer l'analyse et la gestion des besoins au niveau des filiales ou sur les comptes consolidés du groupe. Enfin, faute de place, nous laissons de côté toutes les entreprises de telle ou telle famille particulière dont les besoins sont originaux : sociétés immobilières, éditeurs de presse, courtiers, transporteurs, etc.

Entreprises industrielles. — Bien que caractérisées par une grande diversité, elles ont en commun d'avoir un BFI important en raison de l'existence d'un outil de production qui fait appel à des équipements à la fois coûteux et d'une certaine durée de vie. Sa valeur peut s'élever jusqu'à un an de chiffre d'affaires, voire plus dans les « industries lourdes », encore que la « moyenne » se situe plutôt autour de 15 % à 20 %. Généralement, les stocks représentent un montant encore plus substantiel qui s'accroît avec la durée du processus de production générateur des en-cours de fabrication. Parfois, les clients financent une partie des en-cours par le jeu d'avances qui permettent alors de réduire le besoin lié à ce poste mais ce n'est pas systématique. Enfin, ces entreprises doivent faire face à des besoins financiers liés aux créances sur leurs clients qui varient, selon les cas, entre un et six mois de chiffre d'affaires ; alors qu'en contrepartie les dettes d'exploitation n'en représentent rarement plus de 20 %. Le BFR de ces entreprises constitue un besoin de financement équivalent au BFI, parfois moindre, mais le plus souvent supérieur. Au total, les firmes industrielles sont celles dont l'actif économique se révèle le plus lourd, tant en valeur absolue que relativement au chiffre d'affaires annuel.

Entreprises de distribution. — Les commerces sont très favorisés au plan des besoins de financement, tant en raison des particularités inhérentes au négoce de détail qu'en raison des relations économiques favorables qui se sont établies à leur profit. La distribution exige peu d'immobilisations : une surface de vente est une construction peu onéreuse dont l'équipement en mobilier et accessoires n'entraîne pas de grosses dépenses dans

Structure des besoins de financement d'une entreprise industrielle : Eurocopter (en % du chiffre d'affaires annuel)

BFI = 10 %
BFR = 37 %

AE = 47 %

Principales composantes du BFR :
Stocks = 48 %
Créances clients = 43 %
Dettes fournisseurs = – 18 %
Avances reçues des clients = – 34 %
Divers (net) = – 2 %

l'absolu. Le BFI dépasse rarement les 10 % du chiffre d'affaires. Bien gérés, les stocks de marchandises peuvent être limités à moins de 10 % du CA dans la grande distribution, sans dépasser 20 % dans le commerce traditionnel. Les clients étant des ménages qui paient comptant, les créances ont une durée de vie limitée au délai d'encaissement des titres de paiement. En sens inverse, les fournisseurs sont payés avec plusieurs mois de décalage, ce qui constitue une ressource importante et naturellement gratuite. Le BFR de ces entreprises est le plus souvent négatif et vient s'imputer sur un BFI lui-même faible, pour donner un actif économique plutôt « léger ».

Entreprises de service « intellectuel ». — Bureaux d'études, cabinets d'expertise et autres sociétés de conseil sont des entreprises qui donnent faussement l'impression de ne pas nécessiter de gros moyens financiers. Si l'on s'en tient au chapitre des immobilisations corporelles, celles-ci sont d'un niveau faible voire dérisoire : quelques pièces de mobilier, un peu d'informatique et quelques outillages spécialisés suffisent dans un grand nombre de cas. En l'absence d'immobilisations incorporelles, le BFI s'établirait à moins de 4 % du chiffre d'affaires. En revanche, le BFR est d'un niveau redoutablement élevé. Les clients ne paient jamais une prestation intellectuelle tant qu'elle n'est pas achevée ou du moins tant qu'elle n'a pas atteint un stade identifiable. Il en résulte un besoin de financement des en-cours qui peut représenter jusqu'à six à huit mois de chiffre d'affaires dans le cas de prestations « longues », auxquels il faut le plus souvent ajouter un ou deux mois de délai de paiement après émission de la facture. Par ailleurs, compte tenu du fait que les achats ne constituent pas une part très importante du coût de production et que les fournisseurs n'accordent généralement pas de crédit très long à ce type d'entreprises, les dettes d'exploitation ne sont pas une contrepartie significative. En fin de compte, l'actif

Structure des besoins de financement d'une entreprise de distribution : Darty et Fils (en % du chiffre d'affaires annuel)

BFI = 7 %
BFR = – 7 %

AE = 0 %

Principales composantes du BFR :
Stocks = 10 %
Créances clients = 4 %
Dettes fournisseurs = – 15 %
Dettes fiscales et sociales = – 3 %
Divers (net) = – 3 %

économique de ces firmes est pratiquement aussi lourd que celui d'une firme industrielle simple et une cause prédominante de leur mortalité est une mauvaise évaluation de ce besoin.

Structure des besoins de financement d'une entreprise de service intellectuel : Cap Gemini (en % du chiffre d'affaires annuel)

BFI = 9 %
BFR = 22 %

AE = 31 %

Principales composantes du BFR :
Créances clients = 53 %
Dettes fiscales et sociales = – 26 %
Dettes fournisseurs = – 6 %
Divers (net) = 1 %

Déterminants et évolution des besoins de financement

Il est clair que les actifs hors exploitation (AHE) n'ont pas de causes systématiques et qu'ils constituent le plus souvent des besoins temporaires ou réductibles. Ils ne résultent que de décisions discrétionnaires de l'entreprise ou de phénomènes fortuits. Il est inutile de chercher à les expliquer par des causes économiques.

Pour ce qui concerne les actifs d'exploitation, nous avons mis en évidence leur dépendance par rapport aux cycles de fonctionnement et à la nature de l'activité de l'entreprise. Existe-t-il d'autres déterminants ? Et considérant que l'actif économique d'une entreprise est constitué de deux éléments, le BFI et le BFR, on peut également se demander si leur comportement est semblable. Or, au-delà de leurs différences de nature intrinsèque, ces deux composantes ont des déterminants communs dont la connaissance est nécessaire pour prévoir leur évolution dans le temps.

La relation au volume de l'activité

Toutes choses égales par ailleurs, les besoins de financement d'exploitation sont fondamentalement liés au *volume d'activité* de l'entreprise. Ce volume est habituellement mesuré par la production, c'est-à-dire les quantités produites. Pour des raisons pratiques, en particulier sa plus grande facilité d'obtention et le fait qu'il soit exprimé en monnaie, on utilise le chiffre d'affaires comme indicateur d'activité. L'erreur commise en faisant cette approximation est souvent minime.

La relation entre le BFI, le BFR et le volume de l'activité

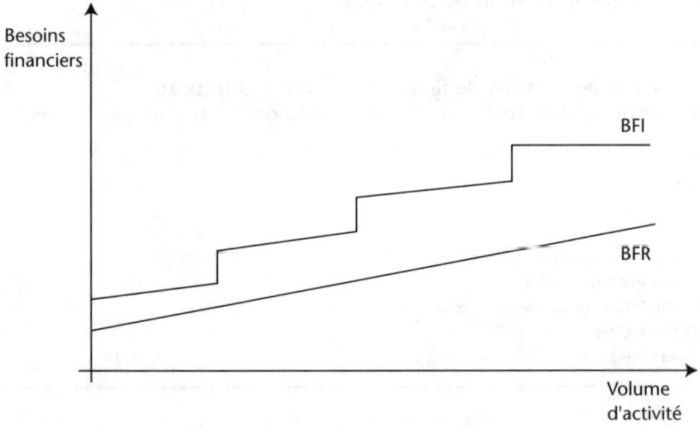

Les *immobilisations d'exploitation* déterminent l'outil de production de l'entreprise, lequel ne peut être dimensionné que pour un niveau donné de production, que l'on nomme *capacité de production*. En principe, une entreprise bien gérée adapte sa capacité productive au plus près de la production qu'elle réalise, faute de quoi des inefficiences apparaîtraient. Si l'on souhaite augmenter significativement la production, il faut augmenter la capacité, ce qui conduit à acquérir de nouvelles immobilisations et il en résulte une augmentation du BFI. La relation entre BFI et volume d'activité n'est pas linéaire, car la capacité de production ne peut généralement être augmentée que par paliers. Il s'agit dans la plupart des cas d'une fonction « en escalier » (voir schéma).

Les ratios de productivité (rotation) des capitaux investis

$\frac{\text{Chiffre d'affaires}}{\text{Actif économique d'exploitation}}$: Productivité (rotation) de l'actif économique d'exploitation.

$\frac{\text{Chiffre d'affaires}}{\text{Immobilisations d'exploitation}}$: Productivité (rotation) des immobilisations d'exploitation.

$\frac{\text{Chiffre d'affaires}}{\text{Besoin en fonds de roulement d'expl.}}$: Productivité (rotation) du BFR d'exploitation.

Les composantes du *BFR d'exploitation* sont également, à des degrés divers, liées au volume de l'activité. Les stocks sont nécessairement corrélés avec le niveau de la production dont ils constituent le régulateur. Les créances sur les clients sont fortement dépendantes du niveau des ventes et par conséquent du chiffre d'affaires. Les dettes envers les fournisseurs sont quant à elles liées aux achats qui varient dans le même sens que les besoins issus de la production. Enfin, les dettes fiscales (TVA, taxes sur l'activité, taxes liées aux salaires) et sociales (dettes envers le personnel et les organismes sociaux) sont peu ou prou fonction de la production. Au total, le BFR qui en résulte ne peut qu'être lui-même fortement relaté avec le volume d'activité. Sur courte et moyenne période, sauf cas particuliers, on ne commet pas une grosse erreur en estimant qu'il suit une fonction affine de type y = a . x + b (voir schéma).

L'*actif économique*, synthèse du BFI et du BFR, est par suite une fonction du volume d'activité et du chiffre d'affaires. Cependant, s'il est possible d'établir assez précisément cette relation au cas par cas, nous ne nous risquerons pas à en donner une formule générale qui aurait toutes les chances de se révéler inexacte dans de nombreuses situations particulières. Il est usuel d'exprimer les termes de cette relation à l'aide des *ratios de productivité des capitaux investis*. Ces derniers mesurent le volume d'activité qui est généré par euro investi dans l'un ou l'autre des besoins d'exploitation considérés comme un capital investi. Nous verrons qu'il est souhaitable, dans le cas général, que ces ratios soient le plus élevés possible.

Les choix de structure

Les besoins de financement ne sont pas uniquement liés au volume d'activité, ils sont aussi fortement dépendants des choix de *structure de fonctionnement* faits par l'entreprise. Les raisonnements qui précèdent ont été effectués « toutes choses égales par ailleurs », c'est-à-dire sans remettre en cause les conditions d'exercice de l'activité. Il est pourtant évident que l'on peut changer la physionomie des besoins en modifiant ces modalités d'exercice, tant au niveau du BFI qu'à celui du BFR.

Les besoins de financement d'une entreprise dépendent avant tout de la manière dont est organisé son système industriel et logistique ainsi que des modalités de règlement de ses créances et de ses dettes non financières. Cela signifie qu'il peut y avoir des structures plus ou moins intéressantes en termes de besoins. Parmi les formules qui conduisent à des besoins élevés on trouve : la vente sur stock, l'existence de surcapacités de production, une politique commerciale laxiste envers les clients... À l'inverse, certaines formules sont plus favorables : la vente au comptant, la perception d'avances, la location de matériel... On peut en déduire qu'il est possible d'agir sur les besoins par des décisions et des stratégies appropriées.

Les besoins de financement ne sont pas figés dans le temps, ils « collent » à l'entreprise et ils évoluent avec elle. La *croissance* est le principal facteur de leur augmentation. La prévision et la couverture des besoins futurs sont souvent considérées comme un casse-tête par les responsables financiers des entreprises. Il s'agit effectivement d'un exercice difficile, mais sans doute beaucoup moins qu'il n'y paraît. En fait, tout dépend si l'on a affaire à une croissance purement quantitative ou si elle comporte aussi des aspects qualitatifs. Une croissance quantitative se traduit mécaniquement par une augmentation des besoins qu'il est relativement facile d'anticiper, ne serait-ce qu'à l'aide de courbes estimées au préalable (du type de celles qui ont été présentées plus haut). Lorsque la croissance s'accompagne de modifications structurelles, les choses se compliquent un peu mais elles restent maîtrisables.

L'action sur les besoins de financement

Quand on parle d'agir sur les besoins de financement, on entend surtout énoncer qu'il faut les réduire. Mais certains vous diront qu'investir n'est pas une mauvaise chose et qu'ils ne voient pas l'intérêt d'en limiter le montant. Ils n'ont pas forcément tort, tout dépend de la productivité que dégagent les capitaux investis. C'est la raison pour laquelle, *lorsqu'on parle de l'action sur les besoins de financement, il faut le faire sous l'hypothèse d'un niveau d'activité constant.*

Minimiser les besoins : pourquoi ? comment ?

Les besoins de financement, quels qu'ils soient, BFI ou BFR, ont une triple nature : ce sont tout à la fois des capitaux qu'il faut se procurer, des actifs qui se déprécient et des objets à gérer et à entretenir.

Aux trois caractéristiques précédentes correspondent trois types de coûts. En tant que capitaux immobilisés, les besoins de financement font supporter à l'entreprise le coût financier des ressources qui leur sont

Les « trois coûts » fixes des capitaux investis

Financement : rémunération des capitaux qui financent les besoins.
Dépréciation : amortissements et provisions.
Administration – gestion : autres frais fixes directs et indirects induits par la détention d'un actif.

affectées (coût du capital). En tant qu'actifs soumis à l'usure, à l'obsolescence ou à la destruction pure et simple, ils font subir à l'entreprise le coût de leur dépréciation éventuelle. En tant qu'objets de gestion, ils induisent de manière directe des coûts de manipulation et d'administration tels que stockage, assurance, frais administratif, taxes, garage, entretien, etc.

Ces trois coûts, en raison de leur origine, sont pratiquement fixes, c'est-à-dire qu'ils sont indépendants de l'usage qui est fait des actifs concernés. Si un matériel est inutilisé, l'entreprise supporte l'intégralité du poids de son financement et de sa gestion ainsi qu'un minimum de dépréciation. On peut en dire autant d'une créance ou d'un stock. Réduire les besoins de financement, c'est réduire ces coûts et c'est améliorer la performance financière de la firme. *Sous réserve de l'évolution des autres coûts d'exploitation, pour un niveau d'activité donné, il vaut mieux avoir les besoins de financement les plus faibles possible ; pour un certain montant de besoins de financement investis, il vaut mieux avoir le volume d'activité le plus grand possible.* Les ratios de type CA/besoin doivent donc être le plus élevé possible.

Réduire les besoins de financement, c'est réduire les coûts fixes. Mais est-ce possible en pratique ? Nous avons fait l'inventaire des besoins en soulignant que ceux-ci sont liés à la fois au niveau de l'activité et aux choix de structure faits par l'entreprise. Peut-on considérer qu'il s'agit de deux axes d'intervention ?

Rares sont les cas où la réduction de l'activité résulte d'une bonne décision de gestion mais ils existent : par exemple quand l'activité supprimée est non rentable. Dans une telle circonstance, sa suppression permet de réduire simultanément les pertes et les besoins financiers. Mais, la plupart du temps, la réduction de l'activité est rarement souhaitable en elle-même et n'apparaît pas comme un bon moyen de minimiser les besoins.

En revanche, les « structures » sont une variable sur laquelle il est possible d'agir efficacement et l'action sur les structures est un des moyens les plus puissants qui soient pour conserver ou accroître la productivité des capitaux investis. Le principe de cette action est relativement simple : elle consiste à trouver des « façons de travailler » qui nécessitent moins de besoins financiers que d'autres, pour une capacité équivalente et, si possible, pour une

« qualité » égale. Par exemple, le recours à la location est un moyen de diminuer le BFI, l'instauration du paiement à la commande est une voie pour réduire le BFR. L'action peut être orientée séparément vers le BFI ou vers le BFR ou porter sur les deux, directement au niveau de l'actif économique (AE).

L'optimisation du BFI

Comment réduire le BFI au plus juste ? Cette question peut paraître iconoclaste si l'on observe que le BFI représente la capacité de production. Faut-il réduire la capacité productive ? Certes non ! Il faut trouver des procédures qui permettent de réduire les besoins financiers correspondants, sans réduire la capacité : nous en avons sélectionné trois.

L'*organisation de la production* est la voie la plus immédiate pour aboutir au résultat recherché. Les modalités pratiques sont en nombre illimité et l'imagination des décideurs peut être mise à contribution en permanence pour en trouver de nouvelles. Cela peut consister par exemple : à remplacer deux machines utilisées à mi-temps par une seule machine utilisée à plein temps ; à aménager géographiquement l'espace pour limiter les besoins en surfaces ; à choisir un site de fabrication où le foncier et l'immobilier coûtent moins cher ; etc.

La *location* (simple) des outils de production est également un moyen prisé de réduction du BFI. Sa pratique est d'autant plus intéressante que les biens concernés ont un poids potentiellement élevé dans le montant total des immobilisations et qu'il existe un marché locatif organisé. Cela s'applique par exemple aux immeubles (bureaux, entrepôts…), aux matériels informatiques « lourds » et de plus en plus aux parcs de véhicules. Mais cela peut aussi concerner les outillages d'usage peu fréquent, d'utilisation temporaire ou d'application spécifique. Dans ces derniers cas, la sous-traitance peut d'ailleurs être un choix alternatif intéressant.

Enfin, la constitution de *structures ad hoc* est un procédé qui présente de multiples avantages en termes financiers, en termes juridiques et en termes de gestion. Cela consiste à isoler des ensembles cohérents d'activité et à les « loger » dans des structures juridiques spécialisées et séparées. L'éclatement le plus courant a pour effet d'affecter les titres de participation à des sociétés de portefeuille (*holdings*), l'immobilier à des sociétés civiles immobilières (SCI) et les différentes activités à des filiales d'exploitation. Du seul point de vue financier, entre autres avantages, cela permet à la fois de créer des centres de profits autonomes et de réduire le BFI des filiales d'exploitation.

Le poids des éléments du BFR : les ratios de rotation

$\frac{\text{Stocks}}{\text{Coût d'achat ou de production}} \times 360$: Vitesse de rotation des stocks, en jours (à détailler pour chacun).

$\frac{\text{Créances clients}}{\text{Chiffre d'affaires TTC}} \times 360$: Délai de paiement moyen des clients, en jours.

$\frac{\text{Dettes fournisseurs}}{\text{Achats et charges externes TTC}} \times 360$: Délai de paiement moyen aux fournisseurs, en jours.

$\frac{\text{Autres créances ou autres dettes}}{\text{Produits ou charges correspondants}} \times 360$: Poids des autres postes, en jours (à détailler pour chacun).

L'optimisation du BFR

La prise de conscience de l'intérêt de réduire le BFR est plus ancienne que pour le BFI et apparaît de ce fait plus naturelle aux dirigeants d'entreprise. Mais si elle a donné lieu à la construction de modèles mathématiques sophistiqués de gestion des stocks (modèle de Wilson, modèles probabilistes, etc.), leur caractère fortement théorique en rend l'application pratique très délicate. Quant aux postes de créances et de dettes d'exploitation, les modèles d'optimisation existants relèvent très largement du « yaka » (« yaka » faire payer les clients plus vite, « yaka » payer les fournisseurs plus tard...). Il convient de dépasser ces conceptions archaïques pour développer des méthodes modernes de gestion du BFR dont nous proposons les clés ci-après.

Le niveau des *dettes et créances d'exploitation* relève beaucoup plus de l'institutionnel et des habitudes que de la gestion active. Les intérêts des partenaires sont opposés et le jeu est à somme nulle : tout avantage pris par l'un se fait au détriment de l'autre. Dans ce contexte, ce sont les plus forts qui l'emportent et ceux qui ont le plus besoin de l'autre qui cèdent. La pression que la grande distribution fait peser sur les petits producteurs est une excellente représentation de ce jeu de pouvoir. Il n'existe qu'un moyen de faire évoluer les relations existantes : c'est d'offrir à ses partenaires des contreparties, que ce soit en termes de coûts, de services, de qualité ou de délai.

L'action sur les différents stocks ne se conçoit plus sérieusement aujourd'hui de manière éparpillée tant les liaisons entre eux sont fortes et multiples. Il faut éviter l'optimisation par parties et préférer l'optimisation globale qui passe par ce qu'il est convenu d'appeler la *gestion de production.* Cela consiste à faire en sorte que l'exploitation soit organisée de manière à minimiser les stocks en travaillant à flux tendus et en accélérant les temps de cycle. Il existe plusieurs moyens pour se rapprocher de l'idéal du « zéro stock » comme la méthode « Kanban » ou la « gestion de production assistée par ordinateur » (GPAO). Tous reposent sur un système de prévision fiable de l'activité et sur une capacité d'adaptation et de réaction rapide.

L'optimisation globale de l'AE

La réduction du BFI implique parfois une augmentation du BFR et réciproquement. C'est pourquoi il est souvent préférable de revoir de manière globale l'ensemble des procédures de fonctionnement d'une entreprise pour réduire ses besoins de financement. Il ne s'agit alors plus d'actions ponctuelles sur tel ou tel élément isolé, il s'agit d'une remise en cause de tous les éléments du système productif et de leurs interrelations.

Le principe d'une action globale tendant à la réduction des besoins de financement consiste à trouver un mode d'organisation de l'activité qui soit peu consommateur de capitaux pour un volume d'activité équivalent et cela sans accroître démesurément les coûts variables d'exploitation. Il est difficile d'énoncer des règles pratiques d'action valables pour toutes les situations, nous allons simplement présenter les principales voies.

L'*action sur le système logistique* consiste à optimiser les flux de production et de distribution physique de telle manière que les produits restent le moins longtemps possible dans l'entreprise et en quantité la plus faible possible. Par exemple, en réduisant les temps de chargement et de transport, on réduit le BFI (la flotte de matériel roulant) et le BFR (les stocks).

L'*action sur les relations externes* a pour but de transférer une partie des besoins à l'extérieur de l'entreprise et, de préférence, vers ceux qui sont en position de les limiter au plan global. Par exemple, dans le secteur des biens de consommation de type électroménager-vidéo-son, il est préférable que ce soit le producteur qui assure le stockage et la livraison directe au consommateur plutôt que de laisser cette charge aux distributeurs. En supposant un rééquilibrage par le biais d'une diminution du crédit interentreprises, il est possible de démontrer qu'une telle structure permet de réduire le stock global de l'ensemble de la filière, les opérations de manutention, ainsi que le nombre des bâtiments nécessaires au stockage.

La *définition de concepts nouveaux* consiste à définir des « formules » permettant d'offrir à la clientèle un ensemble produit-service d'un type plus efficace. Parmi les nombreux exemples disponibles, citons la restauration rapide par rapport à la restauration traditionnelle ; les magasins à thème (sport, bricolage) contre les commerces éparpillés ; la commande présaisie (par Internet, par EDI) contre les commandes papier ; etc.

Au total, la recherche d'une réduction massive des besoins de financement est devenue un axe à part entière de la gestion financière. Pendant longtemps, les managers ont pensé que la concurrence par les prix ne nécessitait que la recherche du coût de production variable le plus bas. La part prise dans le niveau des prix par les coûts fixes et les coûts hors production, principalement les coûts d'organisation et surtout les coûts financiers, requiert une prise en compte spécifique.

Les systèmes traditionnels de comptabilité analytique orientés vers les seuls coûts de production variables sont devenus obsolètes et cèdent peu à peu la place à des systèmes de calcul de coûts de revient directs globaux (coûts de production + coûts financiers + coûts d'organisation) qui intègrent aussi la rémunération des capitaux investis dans les évaluations. On voit ainsi les procédures de *reporting* ne plus se focaliser uniquement sur les comptes de résultat des unités mais intégrer des éléments de bilan. *En matière de besoins de financement, l'obligation de résultat s'accompagne désormais d'une obligation de moyens : celle de les minimiser !*

Il ne faut cependant pas perdre de vue que la réduction des besoins financiers n'est pas forcément « gratuite » et peut faire apparaître de nouvelles formes de coûts. Dans une structure à flux tendus, le blocage d'un seul atelier conduit très vite au blocage de toute l'usine. Le recours à des sous-traitants peut poser des problèmes de responsabilité et d'approvisionnement. La faiblesse des stocks peut faire perdre des ventes. La réduction des coûts liés aux besoins peut se traduire par une augmentation disproportionnée des autres coûts. L'immixtion du financier dans les domaines du commercial ou de la production ne peut se faire à sens unique. Elle requiert l'intervention de la direction générale, seule habilitée à évaluer les enjeux de l'arbitrage structurel : coût financier contre qualité, contre service au client, contre délais, contre prix, etc.

II / Les ressources de financement et l'équilibre financier

Contrairement à un préjugé répandu, il n'est pas nécessaire que le créateur ou le dirigeant d'une entreprise dispose d'une fortune personnelle pour couvrir lui-même une part importante des besoins financiers de celle-ci. Il est possible, voire normal dans notre système économique, de trouver des entités externes qui sont prêtes à procurer de l'argent aux entreprises, pourvu qu'elles en retirent à terme une contrepartie sous la forme d'une rémunération adaptée. Les ressources de financement d'une entreprise ne peuvent se comprendre qu'à la lumière de leurs attentes qui en déterminent à la fois la modalité juridique, la nature technique et la structure. Dans ce contexte, la pérennité d'une situation financière tient plus à des considérations économiques qu'à des décisions financières.

Sources et ressources

Si l'on excepte la famille et les amis qui veulent bien donner un peu d'argent à l'entreprise, pour rendre service et sans trop se faire d'illusions, il n'y a véritablement que deux catégories d'apporteurs de fonds : les *associés* et les *prêteurs*. Les dirigeants peuvent faire partie de l'un ou l'autre de ces deux ensembles, des deux ou d'aucun des deux… Il est aujourd'hui assez fréquent de rencontrer des patrons qui n'ont pratiquement pas mis un sou dans « leur » affaire.

Associé ou prêteur ?

Une entreprise ne peut se procurer des ressources financières qu'en faisant appel à ceux qui possèdent des capitaux, selon des modalités et des conditions qui sont totalement liées à la mentalité de ceux-ci. Sans caricaturer outre mesure, on peut dire qu'un investisseur ne peut adopter que deux attitudes bien typées dans son approche des problèmes de placement de sa fortune : la plus simple consiste à pratiquer le prêt, la plus risquée consiste à devenir associé.

Le *prêteur* est celui qui met une somme d'argent à disposition de l'entreprise pendant un temps limité en contrepartie d'une rémunération monétaire proportionnelle au montant de l'opération et à sa durée. Cela se traduit par une *dette financière* pour la firme.

La rémunération, que l'on nomme *intérêt*, se calcule à l'aide d'un taux par période, lui-même appelé taux d'intérêt. Par exemple, un prêt de 10 000 euros pendant 12 mois au taux d'intérêt de 5 % l'an implique une rémunération d'intérêt égale à 10 000 × 0,05 = 500 euros. En outre, le prêteur a droit au remboursement de la somme empruntée, progressivement ou en une seule fois, mais en totalité dans un délai fixé à l'avance.

En principe, une fois le prêt accordé, le prêteur n'intervient pas dans la gestion des entreprises emprunteuses. Il ne peut que prendre le maximum de garanties au départ (les juristes préfèrent dire « sûretés ») avant de s'engager dans l'aventure. Il peut s'agir d'une sûreté *réelle* comme une hypothèque, un gage ou un privilège quelconque sur les biens de l'entreprise, qui permet d'en devenir propriétaire si le prêt n'est pas remboursé. La garantie peut aussi être *personnelle* et résulter simplement de la solvabilité du débiteur et de sa capacité à rembourser le prêt.

L'*associé* est celui qui met une somme d'argent à la disposition de l'entreprise pendant un temps indéfini en contrepartie d'un droit sur la totalité du patrimoine et des gains de celle-ci après soustraction de ce qui revient aux tiers. Les capitaux cumulés qu'il a investis dans l'entreprise font partie de ce qu'il est convenu d'appeler les *fonds propres*.

La rémunération de l'associé est aléatoire. Si l'entreprise fait des gains importants, il peut percevoir un revenu très élevé, tandis que si elle fait des pertes, il perd tout ou partie du capital investi dans l'affaire. C'est pourquoi, en termes de taux de rendement des fonds investis, il est naturellement plus exigeant que le prêteur à cause du risque plus élevé qu'il supporte. S'il décide d'investir lui aussi 10 000 euros dans l'entreprise alors que le taux d'intérêt annuel est de 5 %, il exigera peut-être un taux de rendement moyen de 10 % à 15 % par an, voire beaucoup plus.

À la différence du prêteur, l'associé est en droit d'intervenir dans la gestion des entreprises qu'il finance. Ce droit se traduit principalement par la désignation des dirigeants et la révocation de ceux-ci sans préavis ni recours (*ad nutum*). Il peut également décider de se verser les gains sous forme de dividendes ou au contraire de les réinvestir dans l'affaire ou même de procéder à la liquidation de l'entreprise à son profit. En revanche, dans le cas général, l'associé est contraint de laisser durablement les fonds investis dans l'entreprise et il ne peut en espérer le « remboursement » avant un terme lointain.

Ces deux profils sont un peu différents mais, à quelques nuances près, ils ont fondamentalement en commun la même motivation : obtenir la rémunération des fonds qu'ils mettent à disposition d'autrui. Ils ne se différencient vraiment qu'en ce qui concerne le niveau de risque économique qu'ils acceptent de prendre. Le prêteur se fait surtout payer le temps (*time is money*), tandis que l'associé se fait rémunérer à la fois le temps et le risque (*risk is money*). Dans les deux cas, c'est l'entreprise qui en supporte le poids : c'est ce que l'on nomme le *coût du financement.*

Typologie des ressources financières

Avant de procéder à leur analyse, il est utile de présenter certaines classifications des ressources financières afin de bien en comprendre les enjeux (voir figure ci-contre).

Nous pouvons d'abord distinguer entre les ressources internes et les ressources externes :

— les *ressources externes* sont celles que l'entreprise est obligée d'aller solliciter auprès d'apporteurs de capitaux extérieurs à l'entreprise : le capital et les dettes financières ;

— les *ressources internes* sont constituées des gains générés par l'activité au profit des associés et qu'ils ont laissés dans l'entreprise selon leur bon vouloir ou en vertu des obligations légales. On désigne ces gains réinvestis par le terme *autofinancement.*

Nous pouvons également opérer une distinction entre les ressources propres et les ressources d'emprunt :

— les *ressources propres* sont celles qui proviennent des associés ; elles comprennent le capital apporté directement par ces derniers ainsi que l'autofinancement réinvesti qui figure généralement dans les réserves ;

— les *ressources d'emprunt* sont des ressources, externes par nature, qui proviennent d'apports des prêteurs et qui se concrétisent par des dettes financières pour l'entreprise.

D'autres distinctions sont utiles à l'analyse des ressources, au premier rang desquelles figure celle que l'on peut faire sur la base de leur degré de permanence :

— les *ressources stables* (*ou permanentes*) sont celles qui restent durablement à la disposition de l'entreprise. Elles comprennent le capital et l'autofinancement, mais aussi les dettes financières dites permanentes ;

— les *ressources instables* sont celles que l'entreprise doit rembourser dans un délai relativement court sans garantie de renouvellement. Cela ne concerne que les dettes financières dites « courantes » qui sont remboursables à moins d'un an à l'origine et que le prêteur ne s'est pas engagé à renouveler.

Enfin, il est utile de connaître les circuits par lesquels une entreprise peut se mettre en contact avec des apporteurs de fonds. Il existe deux modes principaux de collecte :

— le *gré à gré* consiste à rencontrer directement l'apporteur de fonds et à connaître son identité ;

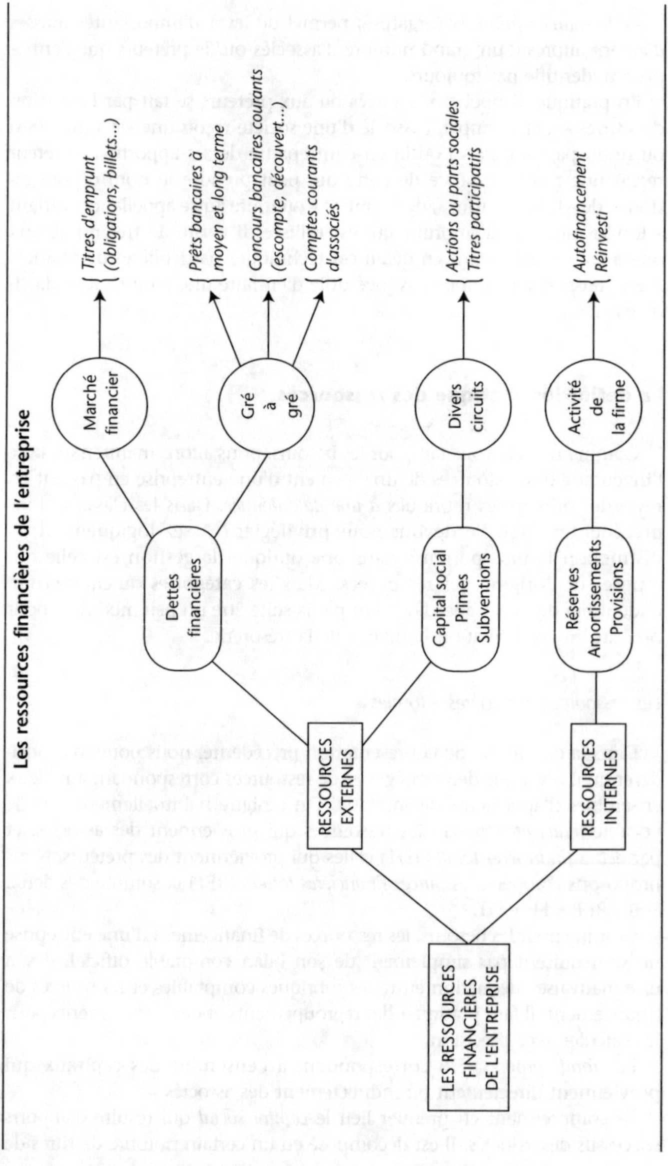

Les ressources financières de l'entreprise

— le *marché financier* (organisé) permet de lever d'importantes masses d'argent auprès d'un grand nombre d'associés ou de prêteurs que l'entreprise n'identifie pas toujours.

En pratique, l'appel aux associés ou aux prêteurs se fait par l'émission de « titres ». Par exemple, l'associé d'une société reçoit une « action » (SA) ou une « part sociale » (SARL) en contrepartie de ses apports. Le prêteur reçoit une reconnaissance de dette qui peut prendre le nom d'« obligation », de « billet à ordre », de « contrat » ou toute autre appellation variant selon la modalité d'emprunt qui est utilisée. Il existe de très nombreux ouvrages qui présentent en détail ces techniques particulières de financement, aussi n'avons-nous pas jugé utile d'en faire une énumération fastidieuse ici.

La définition statique des ressources

Comme nous l'avons fait pour les besoins, nous allons maintenant faire l'inventaire des ressources de financement d'une entreprise en passant en revue les principales rubriques *à une date donnée*. Dans les classifications précédentes, laquelle devons-nous privilégier ? Assez logiquement, la distinction la plus porteuse dans une optique de gestion est celle qui repose sur l'origine des ressources. Mais les catégories qu'elle permet d'identifier de prime abord doivent par la suite être un peu modifiées pour prendre en considération le niveau de la trésorerie.

Les ressources financières « totales »

Dans la continuité de la présentation précédente, nous pouvons considérer qu'il n'y a que deux catégories de ressources correspondant aux deux ensembles d'apporteurs de capitaux. On désigne habituellement sous le vocable *fonds propres* (FP) les ressources qui proviennent des associés, et par *dettes financières totales* (DT) celles qui proviennent des prêteurs. Nous proposons d'appeler *ressources financières totales* (RFT) la somme des deux. Soit : RFT = FP + DT.

Comme pour les besoins, les ressources de financement d'une entreprise ne se déduisent pas simplement de son bilan comptable officiel. Il y a une mauvaise adéquation entre les rubriques comptables et les sources de financement. Il faut pratiquer des regroupements et des retraitements pour les calculer avec précision.

Les *fonds propres* (FP) correspondent à l'ensemble des capitaux qui proviennent directement ou indirectement des associés.

Ils comprennent en premier lieu le *capital social* qui résulte d'apports successifs des associés. Il est décomposé en un certain nombre de titres de même nominal dont la répartition détermine le partage de la propriété et du pouvoir.

Ils comprennent également les *primes* (d'émission, de fusion, d'apport) qui correspondent à la différence entre l'apport total des associés et l'apport comptabilisé en capital. On y inscrit la part du montant versé pour obtenir une action qui excède la valeur nominale de celle-ci. Par exemple, si une entreprise souhaite se procurer 1 500 000 euros en émettant 1 000 actions de nominal 100 euros, elle inscrira en comptabilité 1 000 × 100 euros = 100 000 euros sur la ligne « Capital » et le reste, soit 1 400 000 euros, sur la ligne « Prime d'émission ».

Ils comportent enfin le *résultat et les réserves de toute nature* qui sont les gains dégagés par l'entreprise en faveur des associés au cours du dernier exercice (résultat) ou au cours d'exercices antérieurs (réserves) et qui ne leur ont pas encore été distribués.

Les *dettes financières totales* (DT) sont constituées de tous les apports de financement ayant le caractère de ressources rémunérées par des intérêts, implicitement ou explicitement.

La principale composante en est l'ensemble des éléments qui figurent dans la sous-rubrique « dettes financières » du passif d'un bilan comptable. Ce sont les dettes qui résultent d'un contrat de prêt sans lien avec une opération économique, en contrepartie d'une rémunération spécifique négociée à l'avance. Elles ont pour unique objet de contribuer au financement de l'entreprise.

En principe, les apports des prêteurs devraient tous se retrouver sous la rubrique précédente d'un bilan comptable mais, pour diverses raisons, certains apports de financement n'y figurent pas et doivent être ajoutées :

— les *dettes financières liées à une opération de crédit-bail* qui ne sont pas inscrites au bilan, pas plus que ne le sont les immobilisations qu'elles financent, pour des raisons juridiques relatives à la propriété. Obtenir un crédit-bail, c'est pourtant bien se procurer une ressource qu'il faut rémunérer pour financer un besoin ;

— les *dettes liées aux opérations de transfert de créances commerciales* (escompte d'effets de commerce, escompte de factures « Dailly », affacturage...) qui ne sont pas inscrites de manière apparente au bilan puisqu'elles sont généralement comptabilisées en soustraction des créances à l'actif. L'opération de crédit ne fait cependant pas disparaître le besoin, elle lui procure un financement qui a la nature d'une dette rémunérée.

La classification des ressources totales en deux sous-ensembles bien distincts pose le problème de l'affectation de certaines formules de financement qui ne sont pas très clairement définies.

Les *autres fonds propres* sont une catégorie hybride de ressources financières qui ont en commun de ne pas être remboursables et dont les autres caractéristiques se rapprochent à des degrés divers de celles des dettes.

Cette rubrique comporte des formules très variées telles que « titres participatifs », « avances conditionnées » ou « actions sans droit de vote ». Leur affectation en fonds propres ou en dettes financières ne peut se faire qu'au cas par cas, après une étude poussée de leurs caractéristiques et en fonction de l'objectif de l'analyse.

Les *provisions pour risques et charges* font partie du paysage comptable et semblent « naturelles » aux initiés. Mais, d'un point de vue financier, s'agit-il de fonds propres ou de dettes ? Les deux interprétations sont possibles, tout dépend de leur nature. Si elles résultent d'une décision discrétionnaire de l'entreprise, d'une obligation légale ou si leur objet apparaît peu fondé, alors elles doivent indéniablement être considérées comme des fonds propres. Si, en revanche, elles ont un objet précis et immédiat ajouté à un fort degré de certitude, alors elles doivent plutôt être interprétées comme des dettes hors exploitation.

Les ressources de financement « totales »

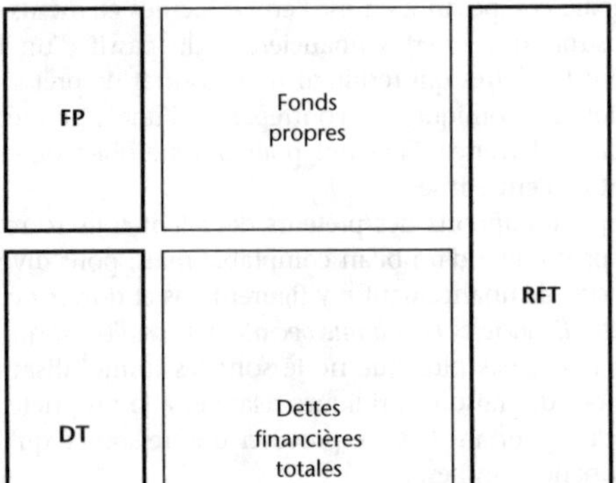

Les ressources financières « nettes »

Qu'apparaît-il lorsqu'on met face à face les besoins et les ressources de financement ? Réponse : la « trésorerie » ! Encore faut-il préciser qu'il s'agit de la trésorerie-*actif* pour ne pas la confondre avec un autre concept, la trésorerie *nette*, qui sera étudié plus loin.

La *trésorerie-actif* (TA) est la partie des ressources financières totales qui n'est pas utilisée à un instant donné. Elle se retrouve en disponibilités (en caisse et en banque) ou en instruments de placement. Elle est solution de l'égalité fondamentale :

$$TA = RFT - BFT$$

Cette égalité découle logiquement de l'équilibre naturel d'un bilan. Dans une optique financière, elle indique simplement que les *emplois* de financement sont égaux aux ressources. En d'autres termes, la somme des besoins et de la trésorerie-actif est nécessairement égale au montant des ressources totales.

L'équilibre « comptable » et la « trésorerie-actif »

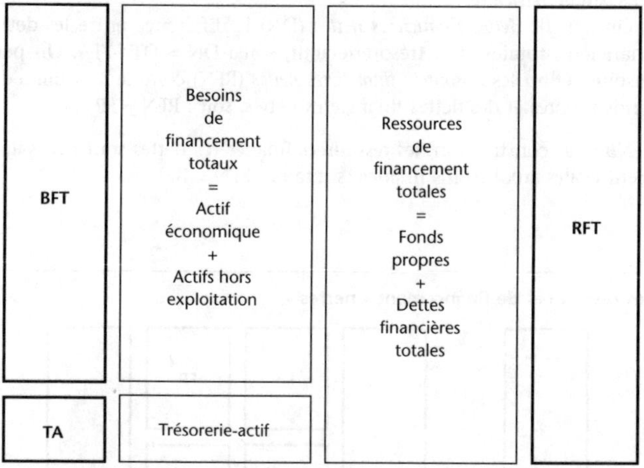

Par construction, la trésorerie-actif ne peut pas être négative. Une telle situation, si elle devait se produire, caractériserait une cessation de paiement et la faillite de l'entreprise. Quand les ressources deviennent insuffisantes pour couvrir les besoins, l'entreprise n'est plus en mesure de faire face à ses échéances et le processus de défaillance est parvenu à son terme. Pour autant, faut-il que la trésorerie-actif soit d'un niveau élevé ?

Il n'est pas souhaitable, dans le cas général, que la trésorerie-actif soit d'un montant trop important. Il y a plusieurs raisons à cela :

— tout d'abord, elle a un coût non négligeable étant donné que les revenus potentiels de son placement sont toujours inférieurs au coût d'opportunité des ressources qui y sont investies ;

— ensuite, la trésorerie qui se trouve dans les comptes d'une entreprise est exposée à plus de risques que si elle est dans la « poche » des apporteurs de capitaux ;

— enfin, sauf projet de réemploi à court terme, une trésorerie abondante pousse au gaspillage.

Une trésorerie-actif importante pose également des problèmes de mesure de la structure financière. Prenons l'exemple d'une entreprise qui aurait un montant significatif de dettes financières et en même temps une grosse trésorerie inutilisée ; elle paraîtrait fortement endettée alors qu'elle pourrait facilement se désendetter en utilisant sa trésorerie. C'est à partir de cette observation que les experts ont pris l'habitude de soustraire la trésorerie-actif des dettes financières totales. On mesure mieux ainsi l'endettement financier *net* de l'entreprise et sa dépendance réelle vis-à-vis du système bancaire.

On appelle *dettes financières nettes* (DN) la différence entre les dettes financières totales et la trésorerie-actif, soit : DN = DT – TA. On peut ensuite définir les *ressources financières nettes* (RFN) comme la somme des fonds propres et des dettes financières nettes, soit : RFN = FP + DN.

NB : par construction, les ressources financières nettes sont nécessairement égales aux besoins financiers totaux : RFN = BFT.

Les ressources de financement « nettes »

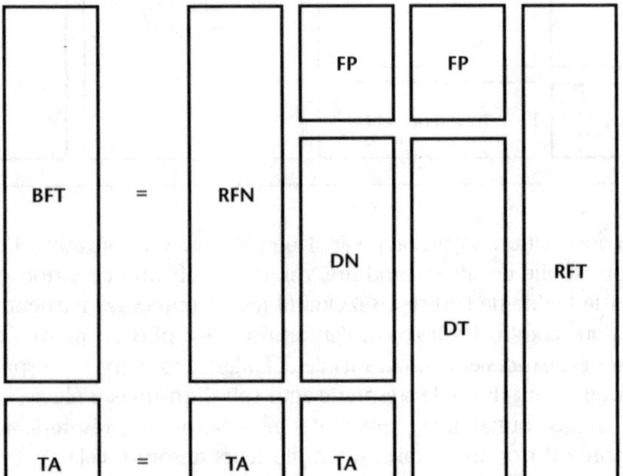

Le bilan à « quatre chiffres »

En fin de compte, un bilan financier peut se résumer à quatre chiffres, deux pour les besoins et deux pour les ressources, dont la somme est nécessairement égale. C'est largement suffisant pour évaluer la provenance et l'affectation des fonds de manière synthétique. Un tel bilan « à quatre chiffres » ne contient que les éléments suivants.

Bilan financier « à quatre chiffres »

Actif économique d'exploitation	AE(E)	Fonds propres	FP
Actifs éco. hors exploitation	AHE	Dettes financières nettes	DN
Besoins financiers totaux	BFT	Ressources financières nettes	RFN

L'équilibre financier (fonctionnel)

Si l'on représente dans un même bilan financier les besoins totaux d'un côté et les ressources nettes de l'autre, ce bilan sera forcément équilibré d'un point de vue quantitatif. Ce que l'on appelle l'« équilibre financier », ce n'est pas que cela, ce n'est pas seulement l'*équilibre des masses*, c'est aussi et surtout l'*équilibre des termes*. Il est souhaitable que les ressources aient un terme plus lointain que celui des besoins, c'est-à-dire qu'elles ne soient « remboursées » qu'après que les besoins auront disparu. Lorsque le terme de remboursement d'une ressource est éloigné, on dit que cette ressource est « permanente » ou « stable ». *La situation financière d'une entreprise est équilibrée quand la permanence de ses ressources est au moins égale à celle de ses besoins*. De cette manière, il y a moins de risques qu'elle ne se trouve dans l'obligation de rembourser une ressource alors que les fonds sont « bloqués » dans les besoins, ce qui conduirait à la cessation de paiement.

Ressources stables et ressources instables

Pour une activité constante, les besoins de financement d'exploitation (BFI + BFR) ont tous un caractère permanent, au moins pour leur niveau le plus bas s'ils peuvent fluctuer. Ce n'est pas le cas de toutes les ressources. Bien sûr, les fonds propres peuvent être considérés comme stables en toutes circonstances mais les dettes financières se partagent en deux ensembles.

Les *dettes financières permanentes* (DP) sont les dettes qui ont été accordées à l'entreprise avec une échéance éloignée et dont le renouvellement dans les mêmes conditions est probable.

La comptabilité retient l'expression « concours bancaires courants » pour désigner les dettes financières qui sont remboursables à moins d'un an et renouvelables au bon vouloir du prêteur. Nous préférons l'appellation plus explicite *dettes financières courantes* (DC) qui englobe l'ensemble des formules de crédit à court et à très court terme que les marchés financiers offrent aux entreprises. Sans exhaustivité, cela va des découverts bancaires aux prêts « spots », en passant par les crédits de campagne, l'escompte de créances commerciales ou les billets de trésorerie à quelques mois.

Ressources « stables » et ressources « instables »

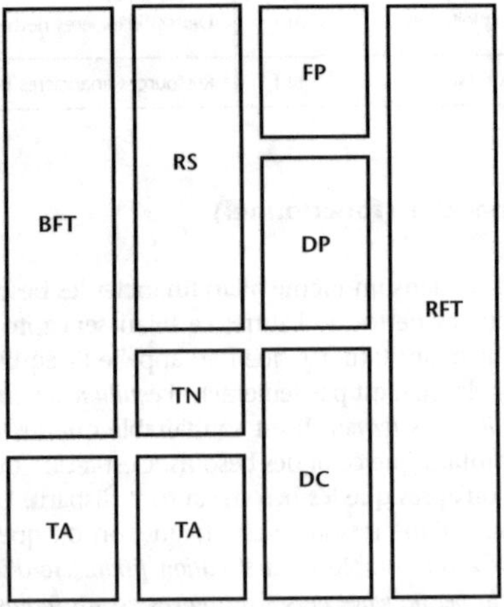

Rappelons-nous que la trésorerie-actif peut être déduite des dettes financières. Par nature, la trésorerie est un élément de court terme ; il est donc logique de la déduire des dettes de court terme que sont les dettes courantes. Il est alors convenu d'appeler *trésorerie nette* (TN) la différence entre la trésorerie-actif et les dettes financières courantes, soit : TN = TA – DC. S'il y a plus de trésorerie-actif que de dettes courantes, elle est positive et constitue un emploi de fonds. Dans le cas inverse, elle devient négative et s'interprète alors comme une « dette courante nette ».

La somme des ressources, fonds propres et dettes financières permanentes, considérées comme ayant un caractère permanent est généralement qualifiée de « capitaux permanents » ou de *ressources stable* (RS). Nous retenons cette seconde désignation, avec : RS = FP + DP.

La trésorerie nette, lorsqu'elle est négative, constitue à elle seule l'ensemble des ressources instables. Elle est donc égale à la différence entre les ressources stables et les ressources financières nettes, soit : TN = RS – RFN. On peut en déduire, ce qui revient au même, qu'elle est égale à la différence entre les ressources stables et les besoins financiers totaux, soit :

TN = RS – BFT

C'est cette dernière formulation qui est la plus pertinente pour poursuivre l'analyse de l'équilibre financier. Tout simplement parce qu'elle met face à face le montant des seules ressources permanentes et celui des besoins totaux. Elle permet de faire apparaître que la trésorerie nette est la mesure la plus simple qui soit de l'équilibre financier d'une entreprise.

L'idéal théorique de la « trésorerie zéro »

Sur une période inférieure à l'année, on ne commet pas une grosse erreur en faisant l'approximation que le besoin de financement des immobilisations (BFI) est à peu près constant. En tout cas, il est certain qu'il l'est d'un jour sur l'autre. Tel n'est pas le cas du besoin en fonds de roulement (BFR) qui varie en fonction des opérations quotidiennes sur les stocks, les créances et les dettes d'exploitation. Quant aux actifs hors exploitation (AHE), leurs variations sont parfaitement erratiques. En conséquence, les besoins financiers totaux (BFT), qui sont la résultante des éléments précédents, varient au jour le jour de manière parfois imprévisible. Si l'on admet par simplification que les ressources stables (RS) sont constantes, au moins sur courte période, la trésorerie nette (TN) ne peut que connaître des hauts et des bas.

L'équilibre financier de courte période

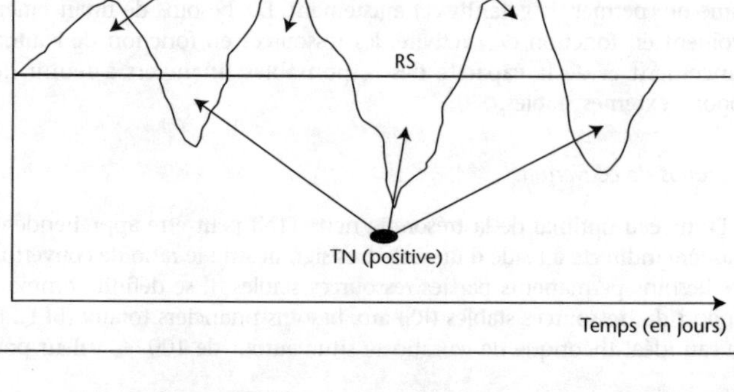

Dans les faits, la trésorerie nette d'une firme varie au jour le jour en fonction de l'évolution des besoins et des ressources. Ce n'est donc pas tant son niveau d'un jour qu'il est utile de connaître, mais son niveau tendanciel, lequel peut être mesuré par son niveau moyen. Selon la position moyenne relative des ressources stables (RS) et des besoins (BFT), la trésorerie nette présente une tendance structurelle qui ne peut relever que de trois cas :

— RS < BFT. Les ressources permanentes sont la plupart du temps insuffisantes pour faire face aux besoins. La trésorerie nette est très souvent négative, rarement positive. Il s'agit d'une situation de déséquilibre qui est risquée et qui peut devenir dangereuse. Elle a un coût : le recours fréquent à des concours bancaires courants généralement plus chers que les dettes permanentes ;

— RS > BFT. Les ressources permanentes sont plus importantes que les besoins ne le nécessitent. La trésorerie est plus souvent positive que négative. La situation est plutôt favorable, l'entreprise dispose d'un matelas de sécurité ou d'un trésor de guerre utilisable pour saisir une bonne opportunité. Toutefois, si cet état devait durer, cela traduirait un sous-emploi des ressources ;

— RS = RFT. Les ressources permanentes sont ajustées aux besoins. La trésorerie nette est tantôt positive, tantôt négative, mais en moyenne elle tend vers la valeur zéro. C'est théoriquement la situation idéale, la *trésorerie zéro*. Il n'y a ni insuffisance de ressources, ni sous-emploi de celles-ci. *Il s'agit d'une situation d'équilibre à coût nul*. L'entreprise doit tantôt faire appel à des crédits coûteux pour couvrir ses impasses, tantôt faire des placements rémunérateurs de ses excédents, les gains étant supposés équilibrer les frais.

À plus long terme, les besoins de financement ne sont pas figés une fois pour toutes, ils évoluent dans le temps avec les opérations d'investissement. Il faut être en mesure d'ajuster les ressources à l'évolution des besoins de manière à garantir le maintien d'un équilibre satisfaisant mesuré par les mouvements de la trésorerie nette. Il n'y a aucun automatisme qui permet de garantir cet ajustement. Les besoins de financement évoluent en fonction de l'activité, les ressources en fonction de l'autofinancement et de la capacité des responsables financiers à réunir des apports externes stables.

Les ratios de couverture

Le niveau optimal de la trésorerie nette (TN) peut être appréhendé de manière indirecte à l'aide d'un ratio très significatif : le ratio de couverture des besoins permanents par les ressources stables. Il se définit comme le rapport des ressources stables (RS) aux besoins financiers totaux (BFT). Le niveau idéal théorique de ce ratio se situe autour de 100 %, valeur pour laquelle la trésorerie nette est nulle en moyenne. En pratique, il est difficile de fixer des seuils, même si dans la plupart des cas on estime qu'une valeur de 80 % à 90 % est très correcte, tandis qu'un pourcentage qui passe sous la barre des 70 % commence à traduire une situation dangereuse.

$$\frac{\text{Ressources stables}}{\text{Besoins financiers totaux}} = \frac{RS}{BFT} > 70\ \%.$$

L'équilibre financier de moyenne et longue période

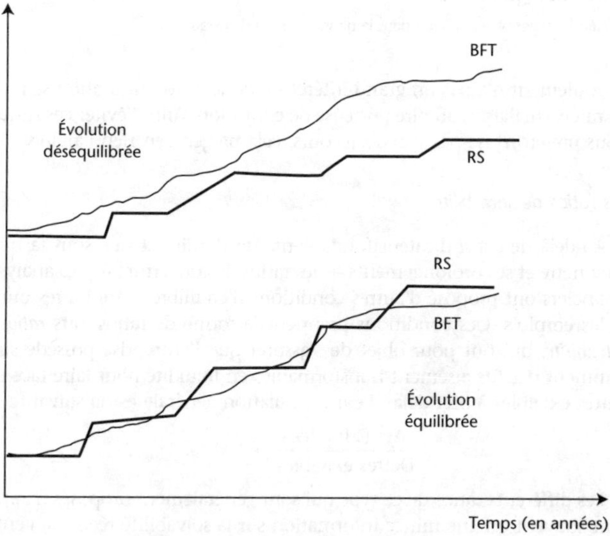

Quand les actifs hors exploitation (AHE) peuvent être facilement transformés en liquidités, il est logique de ne plus les inclure dans le calcul du ratio. On utilise alors le ratio de couverture du seul actif économique d'exploitation (AE) par les ressources stables (RS).

$$\frac{\text{Ressources stables}}{\text{Actif économique d'exploitation}} = \frac{RS}{AE} > 70\ \%.$$

Certains pensent qu'il faut en priorité affecter les ressources stables aux seuls actifs immobilisés. Pour vérifier cette exigence, ils ont recours au calcul du *fonds de roulement net* (FRN) qu'ils définissent comme la différence entre les ressources stables et les immobilisations, soit : FRN = RS – BFI, et dont ils vérifient simplement le signe positif. Ce concept de fonds

Les formulations alternatives de l'égalité emplois-ressources

TA = RFT – BFT.
TA = [FP + DT] – [AE + AHE].
TA = [FP + DP + DC] – [BFI + BFR + AHE].
TN = TA – DC.
TN = [FP + DP] – [BFI + BFR + AHE].
TN = RS – BFT.
TN = [RS – BFI] – [BFR + AHE].
TN = FRN – [BFR + AHE].

NB : les sigles sont explicités dans le glossaire en fin d'ouvrage.

de roulement n'a pas un grand intérêt pratique et son utilisation se révèle au mieux malaisée, au pire porteuse de confusion. Afin d'éviter ces risques, nous préférons ne pas y avoir recours, cela ne gêne en rien l'analyse.

Les ratios de solvabilité

Au-delà de cet indicateur fondamental et dominant que sont la trésorerie nette et ses prolongements — les ratios de couverture —, les analystes financiers ont proposé d'autres conditions d'équilibre entre les ressources et les emplois. Ces conditions prennent la forme de ratios, dits *ratios de solvabilité*, qui ont pour objet de s'assurer que l'entreprise possède suffisamment d'actifs aisément transformables en liquidité pour faire face aux dettes exigibles à bref délai. Leur formulation générale est la suivante :

$$\frac{\text{Actifs liquides}}{\text{Dettes exigibles}} > 100\ \%.$$

Les différents ratios de ce type qui sont généralement proposés n'apportent souvent qu'une mince information sur la solvabilité réelle de l'entreprise. Cela résulte de leur très forte sensibilité aux éléments de court terme très volatils qu'ils prennent habituellement en considération. Pour éviter ce travers et obtenir un indicateur plus pertinent, nous pouvons proposer le ratio suivant dont le contenu est à ajuster en fonction des particularités de chaque entreprise :

$$\frac{\text{Besoins en fonds de roulement + Trésorerie-actif + Actifs hors exploitation}}{\text{Dettes financières courantes}}$$

$$= \frac{\text{BFR + TA + AHE}}{\text{DC}} > 100\ \%.$$

III / Revenus, *cash flows*, résultats

Les ressources de financement sont des capitaux engagés dans l'entreprise par des entités qui réalisent par ce biais une sorte de « placement » et qui en attendent des revenus financiers. Elles deviennent alors des capitaux investis par l'entreprise dans ses activités pour couvrir les besoins de financement dont il est nécessaire de dégager des revenus économiques. Une saine gestion financière implique de mesurer ces différentes sortes de revenus et de les comparer aux capitaux qui en sont la source pour en évaluer le rendement. D'un point de vue pratique, il est possible de conduire deux types de raisonnement : l'un en termes de *gains en patrimoine* à partir de la mesure des résultats comptables et l'autre en termes de *gains de trésorerie* à partir de l'analyse des *cash flows*.

Performance et rentabilité

Dans un premier temps, nous allons procéder à la définition et à la mesure des revenus de l'entreprise en termes de *gains en patrimoine*. Cette approche vise à effectuer des mesures périodiques de revenus nets « tout compris », en étalant dans le temps les coûts et les revenus intermittents. Elle correspond aux indicateurs comptables de *charges*, de *produits* et de *résultat*. Elle est à la fois théorique et conventionnelle puisqu'elle repose sur les notions d'étalement et de « fait générateur » pour affecter un revenu ou un coût à une période donnée. Elle n'en est pas moins indispensable pour qui veut suivre, date après date, la performance de l'entreprise.

La performance étant entendue comme la capacité de l'entreprise à générer des revenus de manière efficace, son suivi périodique entraîne deux actions successives : d'abord, l'analyse de la formation des résultats ; ensuite, la mesure de la rentabilité des capitaux investis ou engagés :

— l'analyse de la formation des résultats consiste à comprendre comment se forment les résultats intermédiaires et le résultat net de l'entreprise. Pour ce faire, la voie traditionnelle utilise les *soldes intermédiaires de gestion* qui sont supposés apporter un éclairage sur les différents aspects du résultat et dont on peut se servir dans certaines analyses ultérieures. On a toutefois tendance à lui substituer aujourd'hui une approche plus simple et plus réaliste en termes de nomenclature du chiffre d'affaires ou de la marge ;

— l'analyse de la rentabilité nécessite la prise en considération conjointe des résultats et des capitaux investis ou engagés relevés dans le bilan. Elle consiste à calculer des *ratios de rentabilité* ayant la forme de rapports des résultats obtenus aux capitaux injectés pour les obtenir. Cela suppose une correcte adéquation entre numérateurs et dénominateurs qui n'est pas toujours réalisée avec les indicateurs tirés des documents comptables français.

La formation des résultats

Les résultats d'une entreprise sont naturellement déterminés dans son compte de résultat, c'est donc à partir de celui-ci que l'on doit effectuer l'analyse de leur formation. Cependant, il n'est pas indispensable de se cantonner aux études permises par son format de présentation de base avec les charges et les produits séparés et à l'aide des seuls indicateurs qui y sont calculés ; il est toujours possible de le présenter sous une autre forme et d'utiliser d'autres indicateurs, souvent plus pertinents.

Le tableau des soldes intermédiaires de gestion. — Pour beaucoup, l'analyse de la formation des résultats ne peut se faire qu'à partir du tableau des *soldes intermédiaires de gestion* (SIG) dont un modèle a été normalisé dans le plan comptable général (PCG). Malheureusement, ce document commence sérieusement à dater et présente de nombreuses imperfections théoriques et pratiques qui doivent conduire, au mieux, à le corriger et à le retraiter. Ce tableau est bien connu et il ne saurait être question de le décrire en détail ici. En revanche, il n'est sans doute pas inutile de signaler les principales difficultés que l'on peut rencontrer dans son utilisation.

La *marge commerciale* (MC) ne concerne que les entreprises qui ont une activité de négoce. Base de l'analyse financière des entreprises commerciales, elle représente en valeur absolue une marge sur coûts variables à comparer aux coûts fixes de l'entreprise pour évaluer son seuil de rentabilité (« point mort »). On l'utilise également sous forme de taux tels que $\frac{\textit{Marge commerciale}}{\textit{Chiffre d'affaires}}$ qui est un indicateur caractéristique du secteur d'activité (rayon ou produit vendu) et du mode de commerce pratiqué (détail, grands magasins, discount, etc.). On procède alors par comparaison aux

Modèle normalisé de tableau de soldes intermédiaires de gestion

	Exercice N	Exercice N – 1
+ Ventes de marchandises		
– Coût d'achat des marchandises vendues		
= Marge commerciale		
+ Production vendue		
+ Production stockée		
+ Production immobilisée		
= Production de l'exercice		
+ Marge commerciale		
+ Production de l'exercice		
– Consommation de l'exercice en provenance de tiers		
= Valeur ajoutée		
+ Valeur ajoutée		
+ Subventions d'exploitation		
– Impôts, taxes et versements assimilés		
– Charges de personnel		
= Excédent brut (ou insuffisance brute) d'exploitation		
+ Excédent brut (ou insuffisance brute) d'exploitation		
+ Reprises sur charges et transferts de charges		
+ Autres produits (d'exploitation)		
– Dotations aux amortissements et aux provisions		
– Autres charges (d'exploitation)		
= Résultat d'exploitation		
+ Produits financiers		
– Charges financières		
= Résultat financier		
+ Résultat d'exploitation		
+ Résultat financier		
+ Quotes-parts de résultat sur opérations faites en commun (net)		
= Résultat courant avant impôt		
+ Produits exceptionnels		
– Charges exceptionnelles		
= Résultat exceptionnel		
+ Résultat courant avant impôt		
+ Résultat exceptionnel		
– Participation des salariés		
– Impôts sur les bénéfices		
= Résultat de l'exercice		
+ Produits des cessions d'éléments d'actif		
– Valeur comptable des éléments cédés		
= Plus-values et moins-values sur cessions d'éléments d'actif		

autres entreprises du secteur et à la valeur des années antérieures. Toute variation s'explique par un changement de politique commerciale ou un problème !

La *production totale* de l'exercice est la somme de la production vendue (exprimée en prix de vente), de la production stockée (exprimée en coût de revient) et de la production immobilisée (exprimée en prix de revient), et elle ne concerne que les entreprises industrielles ou de service. Elle fait l'objet d'une valorisation hétérogène et son « périmètre » est discutable puisqu'elle ne contient pas certains produits d'exploitation courante ni les subventions d'exploitation alors qu'elle contient des produits sans lien avec l'exploitation normale. Sous ces réserves, c'est un indicateur du niveau d'activité et c'est *a priori* à la production qu'il faut rapporter les charges de l'exercice et non pas au chiffre d'affaires.

La *valeur ajoutée* brute (VA) mesure littéralement la valeur que l'entreprise a ajoutée au montant de ses achats à l'extérieur pour obtenir la valeur de sa propre production. C'est plus un indicateur socioéconomique, en ce sens qu'elle mesure la contribution de l'entreprise au PIB national, qu'un indicateur de performance de l'entreprise. C'est un critère de dimension, de poids économique et de croissance ; c'est aussi une mesure du niveau d'intégration verticale. *La valeur ajoutée n'est en aucun cas un indicateur de résultat* : son augmentation n'est jamais un signe déterminant de performance ; il est fréquent de voir des entreprises diminuer leur valeur ajoutée pour augmenter leurs résultats. Le ratio de « structure productive » $\frac{\textit{Valeur ajoutée}}{\textit{Chiffre d'affaires}}$ mesure la part du chiffre d'affaires qui est « fabriquée » dans l'entreprise ; il diminue quand celle-ci externalise tout ou partie de son activité (sous-traitance, délocalisations...).

L'excédent brut d'exploitation (EBE) est par définition la différence entre les produits d'exploitation « encaissables » et les charges d'exploitation « décaissables ». Il s'agit d'un indicateur de *cash flows* avant impôt généré par l'exploitation (au sens restreint du PCG). Il mesure le gain potentiel de trésorerie (autofinancement) lié à l'exploitation. Il s'utilise comme indicateur primaire de ressource d'autofinancement mais il fait l'objet de nombreuses critiques en raison de son caractère incomplet : les autres produits et charges d'exploitation, les éléments financiers hors endettement, les éléments exceptionnels, la participation des salariés et l'impôt sur le bénéfice en sont exclus. On lui préfère aujourd'hui le concept anglo-saxon « EBITDA » qui apparaît plus global.

Le *résultat d'exploitation* est la différence entre tous les produits d'exploitation et toutes les charges d'exploitation. Il mesure le gain potentiel en patrimoine avant impôt généré par l'exploitation (au sens restreint du PCG). C'est à ce titre un indicateur primaire de résultat économique. C'est toutefois un indicateur très partiel de résultat économique puisqu'il ne

Secteur d'activité et structure productive

(Niveaux habituels de $\frac{\text{Valeur ajoutée}}{\text{Chiffre d'affaires}}$)

Commerce de détail : de 10 % à 15 %.
Industrie légère : de 20 % à 40 %.
Service : de 40 % à 80 %.

prend pas en considération les éléments classés en « exceptionnels » même s'ils sont récurrents, la participation des salariés (qui est une charge de personnel), l'impôt sur les bénéfices et les résultats générés par certains actifs hors exploitation (revenus de portefeuille). On lui préfère aujourd'hui les concepts anglo-saxons « EBIT » ou « NOPAT » qui apparaissent plus globaux.

Le *résultat financier* est le « fourre-tout » des éléments qui ont un caractère financier. Il contient les effets de quatre politiques : le coût des dettes financières, le revenu des placements de trésorerie, le résultat des opérations de portefeuille et le résultat des opérations de change. De ce fait, il n'est absolument pas interprétable en tant que tel et il doit faire l'objet d'une décomposition et de reclassements avec prise en compte de l'impôt correspondant pour servir à l'analyse.

Le *résultat courant avant impôt* est la somme du résultat d'exploitation et du résultat financier. Il est censé mesurer le revenu « normal » tiré de l'ensemble des activités habituelles qui serait disponible pour les associés s'il n'y avait ni impôt ni participation ni éléments exceptionnels. Ce raisonnement théorique « toutes choses égales par ailleurs » n'a pas beaucoup d'intérêt d'autant qu'il fait souvent l'objet de manipulation par les entreprises qui jouent sur la distinction peu précise entre « exploitation » et « exceptionnel » pour en piloter le niveau.

Le *résultat exceptionnel* est supposé comporter tous les éléments ayant un caractère « anormal ». Il s'agit en fait d'un regroupement des opérations qui ne concernent ni l'exploitation courante ni le financier. Le PCG offre une conception très large et très hétérogène de l'exceptionnel qui permet toutes sortes de manipulations. Il devrait en théorie servir à analyser le résultat sans tenir compte des éléments exceptionnels mais, en pratique, on se trouve dans l'obligation de reclasser en exploitation bon nombre d'éléments dits exceptionnels qui ont en fait un caractère « normal » et/ou « récurrent ».

Le *résultat net* est le solde du compte de résultat. Il mesure conventionnellement le gain en patrimoine qui revient aux associés mais, en pratique, il n'est que le montant du résultat qui leur est distribuable. Il faut veiller à son interprétation :

— un résultat positif ne veut pas dire que l'entreprise est rentable puisque le coût des fonds propres n'en est pas déduit ; elle n'est rentable que si le résultat est suffisant pour « rémunérer » les fonds propres engagés ;

— l'impôt qui est déduit du résultat net n'est pas l'impôt réel mais l'impôt exigible, il est nécessaire de prendre en compte les impôts différés pour le ramener à sa juste valeur pour un exercice donné ;

— le résultat est une estimation conventionnelle du gain des associés qui ne prend absolument pas en compte les plus-values que ceux-ci peuvent réaliser sur la revente de leurs titres.

L'analyse de la formation du résultat à partir des SIG implique de bien maîtriser ce que chacun d'eux signifie et d'être capable d'effectuer un minimum de corrections pour mener une analyse pertinente à leur sujet. Leur étude en valeur absolue est assez limitée et l'on est le plus souvent amené à les utiliser sous forme de ratios de « marge » avec des calculs du type $\frac{\textit{Résultat intermédiaire}}{\textit{Chiffre d'affaires}}$ qui s'interprètent en évolution temporelle et par comparaison avec les entreprises semblables.

La « carotte » du compte de résultat. — Quitte à rapporter certains éléments du compte de résultat au chiffre d'affaires, autant le faire pour l'ensemble de ses lignes. La manière la plus simple d'analyser la formation des résultats est encore de pratiquer une *analyse indiciaire* des charges et des produits pour en tirer la « nomenclature » (ou « carotte ») du résultat. Cela consiste très simplement à évaluer chaque poste du compte de résultat en pourcentage de la production et/ou du chiffre d'affaires et/ou de la marge commerciale (selon le cas).

Il est alors possible de comparer ces ratios avec les normes sectorielles et/ou les ratios des concurrents, d'analyser leur évolution temporelle, d'en valider le niveau réalisé par référence à celui qui avait été budgété, puis d'expliquer toutes les anomalies et tous les décalages observés. Remarquons au passage qu'une telle analyse indiciaire englobe sans difficulté les analyses de marge du type « résultat intermédiaire/chiffre d'affaires ». C'est un outil simple, radical pour détecter des difficultés, très rapide à mettre en œuvre et, surtout, compréhensible par tous (voir exemple ci-contre).

La rentabilité des capitaux

La rentabilité est la capacité de l'entreprise à dégager des gains qui sont supérieurs au coût des capitaux utilisés. On distingue :

— la *rentabilité économique* (approche « aval ») qui est la rentabilité dégagée par l'activité (pour les capitaux investis) à partir des actifs d'exploitation ou des actifs hors exploitation ;

— la *rentabilité financière* (approche « amont ») qui est la rentabilité obtenue par les apporteurs de capitaux (pour les capitaux engagés par eux) à partir des fonds propres ou des dettes financières.

Exemple de « carotte » du résultat d'une entreprise industrielle
(en % du chiffre d'affaires)

Consommation de matières premières et autres approv.	7 %
Autres achats et charges externes	28 %
Impôts et taxes	3 %
Charges de personnel	36 %
Dotations aux amortissements et aux provisions	15 %
Charges financières	4 %
Divers	5 %
Résultat net	2 %

On mesure la rentabilité par des ratios qui prennent toujours la forme générique suivante :

$$\frac{\text{Gain en patrimoine}}{\text{Capital investi ou engagé pour obtenir ce gain}}.$$

On adapte la formule générale de la manière suivante pour mesurer la *rentabilité économique* :

$$\frac{\text{Résultat économique d'une activité}}{\text{Capitaux investis dans cette activité}}.$$

On juge de la rentabilité économique par comparaison avec le coût moyen du capital de l'entreprise (tel que défini au chapitre IV).

On adapte la formule générale de la manière suivante pour mesurer la *rentabilité financière* :

$$\frac{\text{Résultat attribuable à des apporteurs de capitaux}}{\text{Capitaux engagés par ces apporteurs de capitaux}}.$$

On juge de la rentabilité financière des différents capitaux engagés par comparaison avec le coût respectif de ces capitaux (tel que présenté au chapitre IV).

On voit, hélas, encore calculer des ratios de rentabilité avec, comme numérateurs, des indicateurs brutalement extraits du tableau normalisé des SIG et avec, comme dénominateurs, des masses non retraitées tirées du bilan comptable ! Si ces calculs simplistes débouchent parfois par hasard sur des raisonnements utiles, ils se heurtent le plus souvent à quatre grandes familles de problèmes :

— des problèmes de *logique* : la rentabilité n'a d'intérêt que relativement à une masse de capitaux clairement désignée. Que signifie la rentabilité du « total actif » ? Qui est concerné par le rendement de l'ensemble des « dettes », commerciales et financières ?

— des problèmes de *cohérence* : les gains du numérateur doivent correspondre aux capitaux du dénominateur et à eux seuls. Quelle est par exemple la signification d'un ratio de rentabilité économique dans lequel le résultat d'exploitation *stricto sensu* est rapporté à un dénominateur incluant les titres de participation ?

— des problèmes d'*exhaustivité* : la mesure des gains doit comporter la totalité des éléments ayant un impact patrimonial. Pourquoi exclure les éléments dits « exceptionnels », l'impôt sur le bénéfice ou la participation des salariés des calculs de rentabilité économique ?

— des problèmes d'*interprétation* : les ratios de rentabilité doivent pouvoir être rapprochés de normes externes. Un ratio mal fondé n'a évidemment pas de correspondance externe et son interprétation relève alors de la divination.

Le compte de résultat, comme tous les documents comptables, en raison de son caractère conventionnel, ne permet de mener des analyses vraiment pertinentes qu'après avoir subi des retraitements permettant de le rendre significatif et interprétable d'un point de vue financier. En particulier, il ne fournit pas en lecture directe des indicateurs de résultat intelligibles pour effectuer des calculs de ratios de rentabilité, on est donc amené à définir des indicateurs spécifiques.

Le compte de résultat « à quatre chiffres »

En pratique, l'analyse de la rentabilité peut se faire très simplement en résumant le compte de résultat en « quatre chiffres » qui peuvent alors être rapportés aux « quatre chiffres » du bilan. Les « dénominateurs » ayant été présentés en détail dans les chapitres précédents, nous allons maintenant présenter les « numérateurs ». L'ensemble de ces calculs doit bien sûr être effectué après prise en compte des impôts sur les bénéfices.

Les *résultats attribuables aux apporteurs de capitaux* sont définis et calculés de la manière suivante :

— le *résultat net* (après impôts) (RN) constitue le revenu attribuable aux associés et la rémunération patrimoniale des fonds propres. Il est en général égal au solde du compte de résultat comptable mais il doit faire l'objet de corrections pour tenir compte notamment de la fiscalité différée ;

— on utilise l'expression *frais financiers nets* (après impôts) (FFN) pour désigner le revenu attribuable aux prêteurs nets et la rémunération des dettes nettes. Ils se calculent par différence entre les charges financières relatives aux dettes et les produits financiers de placement ;

— on nomme *résultat extrait global* (REG) la somme du résultat net et des frais financiers nets avec : REG = RN + FFN. On peut également l'appeler « résultat avant frais financiers » mais cette formule apparaît plus vague et se trouve fréquemment à la source de nombreuses confusions.

Les *résultats économiques* générés par les capitaux investis sont définis et calculés de la manière suivante :

— on désigne par *résultat économique global* (REG) le revenu patrimonial net de l'ensemble des capitaux investis (BFT). Il est tout simplement égal au résultat extrait global (ce qui justifie un sigle identique). Par construction, le résultat économique global est égal à la somme du résultat économique d'exploitation et du résultat économique hors exploitation qui sont présentés ci-après, soit : REG = REE + RHE ;

— le *résultat économique hors exploitation* (RHE) est le revenu patrimonial des actifs hors exploitation (AHE). En général, il se limite au revenu net des titres de participation (dividendes et ajustement des provisions pour dépréciation) ;

— le *résultat économique d'exploitation* (RE ou REE) est le revenu patrimonial des actifs investis dans l'actif économique d'exploitation (AE). Il s'élève à ce qu'il reste du résultat économique global après soustraction du résultat hors exploitation. Il peut être calculé directement à partir du chiffre d'affaires dont on déduit le coût global des ventes, toutes charges comprises. Il correspond au concept anglo-saxon de NOPAT (*Net operating profit after tax*).

En fin de compte, un compte de résultat peut aussi se résumer à quatre chiffres, deux pour les revenus économiques des besoins et deux pour les revenus financiers des ressources et dont la somme est nécessairement égale. Un tel compte de résultat « à quatre chiffres » ne contient que les éléments suivants.

Compte de résultat « à quatre chiffres »

Résultat économique d'exploitation	RE(E)	Résultat net	RN
Résultat éco. hors exploitation	RHE	Frais financiers nets	FFN
Résultat économique global	REG	Résultat extrait global	REG

Les « cinq » ratios de rentabilité

Comme les trois mousquetaires qui étaient en fait quatre, avec les « quatre » chiffres du compte de résultat et les « quatre » chiffres du bilan, on peut faire « cinq » ratios de rentabilité ! En fait, on peut même en faire six en tenant compte des totaux mais les deux derniers sont par construction toujours égaux.

Les ratios de rentabilité économique. — Les *ratios de rentabilité économique* rapportent un résultat économique au capital économique investi. On peut en calculer trois qui s'interprètent dans l'absolu par référence au « coût moyen du capital » de l'entreprise en plus des comparaisons temporelles ou sectorielles toujours possibles.

Ratio de rentabilité économique « globale » :

$$\frac{\text{Résultat économique global (REG)}}{\text{Besoin de financement total (BFT)}}.$$

Ratio de rentabilité économique « d'exploitation » :

$$\frac{\text{Résultat économique d'exploitation (REE)}}{\text{Actif économique d'exploitation (AEE)}}.$$

Ratio de rentabilité économique « hors exploitation » :

$$\frac{\text{Résultat économique hors exploitation (RHE)}}{\text{Actifs hors exploitation (AHE)}}.$$

Les ratios de rentabilité financière. — Les *ratios de rentabilité financière* rapportent un résultat attribuable à une catégorie d'apporteurs de capitaux au capital engagé par ces mêmes apporteurs.

On peut également en calculer trois qui s'interprètent différemment les uns des autres :

Ratio de rentabilité des fonds propres :

$$\frac{\text{Résultat net (RN)}}{\text{Fonds propres (FP)}}.$$

Le ratio de rentabilité des fonds propres, souvent appelé *ratio de rentabilité financière au sens strict*, s'interprète dans l'absolu par référence au « coût des fonds propres » de l'entreprise. On peut également l'analyser en évolution temporelle mais en tenant compte d'une éventuelle modification de la structure financière. En revanche, vouloir faire des comparaisons avec des entreprises du même secteur peut se révéler hasardeux si les différences de structures financières sont importantes. D'une manière générale, l'étude de ce ratio implique une analyse concomitante de l'effet de levier qui joue pour la firme. Toutes ces notions sont présentées au chapitre IV.

Coût des dettes financières nettes :

$$\frac{\text{Frais financiers nets (FFN)}}{\text{Dettes financières nettes (DN)}}.$$

Le coût des dettes financières nettes ainsi calculé est un taux « apparent » en ce sens qu'il rapporte les frais financiers de tout un exercice aux seules dettes en place à la date de clôture qui peuvent être d'un montant assez éloigné de leur niveau moyen de l'année. À cette réserve près, ce ratio ne nécessite pas une analyse particulière, on doit normalement retrouver approximativement le taux d'intérêt débiteur moyen après impôt de l'entreprise.

Ratio de rentabilité financière « globale » :

$$\frac{\text{Résultat extrait global (REG)}}{\text{Ressources financières nettes (RFN)}}.$$

Le ratio de rentabilité financière globale ne s'interprète pas en tant que tel, on ne peut que simplement vérifier qu'il est bien égal au ratio de rentabilité économique globale.

Les flux de trésorerie (*cash flows*)

Nous allons maintenant procéder à la définition et à la mesure des revenus de l'entreprise en termes de *gains de trésorerie*. Cette approche, plus financière, vise à constater les flux de trésorerie entrants ou sortants réellement au cours d'une période et à en déduire un revenu net par différence. Elle correspond aux indicateurs de *cash flows* et d'*autofinancement*. Du fait qu'elle ne « trie » pas les flux de trésorerie qui ont un impact sur le patrimoine et les autres, elle ne permet pas de mesurer directement la contribution de telle ou telle période à la valeur de l'entreprise. Elle est en revanche indispensable pour suivre l'évolution de l'équilibre financier et pour mesurer la performance globale d'une opération s'étalant sur plusieurs périodes.

Littéralement, un *cash flow* est un *flux de trésorerie*, c'est-à-dire une somme d'argent en mouvement. Au niveau d'une entreprise, on désigne par ce vocable les entrées et les sorties d'argent qui touchent la trésorerie-actif. On distingue :

— les encaissements, ou recettes, qui sont des flux de trésorerie positifs car entrant dans la trésorerie-actif (*cash inflow* ou *cash-in*) ;

— les décaissements, ou dépenses, qui sont des flux de trésorerie négatifs car sortant de la trésorerie-actif (*cash outflow* ou *cash-out*).

On utilise malheureusement aussi le terme *cash flows* pour désigner un solde, c'est-à-dire ce qu'il reste lorsqu'on a retiré des flux sortants à des flux entrants. Le *cash flow* est alors la différence entre des *cash flows* et des *cash flows* ! Mais lesquels ? C'est peu de souligner que ce mot est très mal défini ; ceux qui l'emploient sans donner les détails du calcul qu'ils ont effectué n'ont aucune chance d'être compris, même par des initiés. Avant toute utilisation, il faut définir les différents types de flux de trésorerie qui affectent l'entreprise et préciser très clairement les indicateurs de soldes qui peuvent en être déduits. C'est ce à quoi nous allons nous employer dans les paragraphes qui suivent.

Typologie des flux de trésorerie

Il est d'usage de distinguer deux types de flux financiers concernant l'entreprise :

— les *flux économiques* qui sont les flux de trésorerie liés à la mise en place et à l'exploitation d'une capacité de production ;

— les *flux de financement* qui sont les flux de trésorerie induits par les mouvements des ressources financières de l'entreprise et par leur rémunération.

Les flux économiques d'une entreprise sont eux-mêmes constitués de deux sous-ensembles de flux véritables :

— les *flux d'activité* sont les flux de trésorerie économiques directement liés à l'exploitation ordinaire de l'entreprise et à l'usage de sa capacité productive. En règle générale, les encaissements sont relatifs au chiffre d'affaires, tandis que les décaissements correspondent au coût économique des ventes (achats d'approvisionnements + achats de services + frais de personnel y compris les charges sociales + impôts et taxes y compris l'impôt sur le bénéfice + les frais divers occasionnés par l'activité, à l'exclusion des éléments calculés, tels que dotations et reprises) ;

— les *flux d'équipement* sont les flux de trésorerie économiques relatifs à l'acquisition ou à la cession d'immobilisations. Les achats d'immobilisations se traduisent par des dépenses et les prix de cession d'actifs usagés déterminent des flux de recettes qui ont un caractère plus occasionnel.

Par référence à la comptabilité, en fonction de leur prise en compte dans le résultat ou dans les autres lignes du bilan, les flux économiques d'une

L'autofinancement vu par le comptable : l'encaissable et le décaissable
(Notions tirées du PCG)

+ Chiffre d'affaires (Ventes de marchandises + Production vendue)
+ Production stockée
+ Production immobilisée
+ Subventions d'exploitation
+ Variation (augmentation) des stocks de marchandises
– Approvisionnements consommés
– Autres charges externes consommées
– Impôts, taxes et versements assimilés
– Charges de personnel
= *Excédent brut d'exploitation (EBE)*

+ Transferts de charges (d'exploitation)
+ Autres produits d'exploitation
+/– Quotes-parts de résultat sur opérations faites en commun
+ Produits financiers (sauf reprises sur provisions)
+ Produits exceptionnels (sauf prix de cession d'actifs, quote-part de subventions virées au résultat et reprises sur provisions)
– Autres charges d'exploitation
– Charges financières (sauf dotations aux amortissements et provisions)
– Charges exceptionnelles (sauf dotations aux amortissements et provisions et valeur comptable des actifs cédés)
– Participation des salariés aux fruits de l'expansion
– Impôts sur les bénéfices
= *Excédent brut hors exploitation (EBHE)*

+ *Excédent brut d'exploitation (EBE)*
+ *Excédent brut hors exploitation (EBHE)*
= *Capacité d'autofinancement de l'exercice (CAF)*

Elle se mesure comme la différence entre *tous* les produits encaissables et *toutes* les charges décaissables. Bien entendu, elle est la somme de l'excédent brut d'exploitation et de l'excédent brut hors exploitation : CAF = EBE + EBHE.

Si l'on se place maintenant au niveau des mouvements observables de trésorerie qui sont induits par les opérations de l'entreprise, les concepts précédents peuvent être complétés par des mesures *réelles* de l'autofinancement.

L'*excédent de trésorerie d'exploitation* (ETE) est la partie de l'EBE qui se trouve effectivement rester en trésorerie à l'issue de l'exercice. Il se mesure comme la différence entre les produits d'exploitation réellement encaissés et les charges d'exploitation réellement décaissées. Il vérifie l'égalité : ETE = EBE – Variation du BFR d'exploitation.

L'*excédent de trésorerie hors exploitation* (ETHE) est la partie de l'EBHE qui reste effectivement en trésorerie à l'issue de l'exercice. Il se mesure comme la différence entre les autres produits réellement encaissés et les autres

L'autofinancement vu par le trésorier : l'encaissé et le décaissé
(Notions tirées du PCG)

+ Excédent brut d'exploitation (EBE)
– Production stockée
– Variation (augmentation) des stocks d'approvisionnement
– Variation (augmentation) des créances d'exploitation
+ Variation (augmentation) des dettes d'exploitation
= *Excédent de trésorerie d'exploitation (ETE)*

+ Excédent brut hors exploitation (EBHE)
– Variation (augmentation) des créances hors exploitation
+ Variation (augmentation) des dettes hors exploitation
= *Excédent de trésorerie hors exploitation (ETHE)*

+ *Excédent de trésorerie d'exploitation (ETE)*
+ *Excédent de trésorerie hors exploitation (ETHE)*
= *Excédent de trésorerie global (ETG)*

charges réellement décaissées. Il vérifie l'égalité : ETHE = EBHE – Variation du BFR hors exploitation.

L'*excédent de trésorerie global* (ETG) est la partie de la CAF qui vient effectivement augmenter la trésorerie à l'issue de l'exercice. Il se mesure comme la différence entre tous les produits réellement encaissés et toutes les charges réellement décaissées. Il est la somme de l'excédent de trésorerie d'exploitation et de l'excédent de trésorerie hors exploitation et il vérifie la double égalité :

ETG = ETE + ETHE

ETG = CAF – Variation du BFR total.

Cette double lecture résulte du fait que la comptabilité est une comptabilité d'« engagements » et non pas une comptabilité de « trésorerie ». Cela signifie qu'une opération y est enregistrée dès que son *fait générateur* est intervenu et non pas lorsque son dénouement financier est intervenu. Par exemple, une vente de biens est comptabilisée en chiffre d'affaires quand la livraison est effectuée et la facture émise mais le paiement peut n'avoir lieu que plus tard. Le chiffre d'affaires comptable est une recette potentielle, un produit encaissable, mais il n'est vraiment encaissé que lorsque les créances correspondantes sont payées par les clients. Ces notions peuvent être résumées dans un tableau qui présente en outre les liaisons entre les différents concepts comptables et financiers.

Les liaisons entre autofinancement réel et autofinancement potentiel
(Sur la base des concepts tirés du PCG)

Produits d'exploitation (encaissables)	−	Charges d'exploitation (décaissables)	=	Excédent brut d'exploitation	+	Excédent brut hors exploitation	=	Capacité d'auto-financement
−		−		−		−		−
△ Stock de produits finis △ Créances d'exploitation	−	△ Stock d'appro. △ Dettes d'exploitation	=	Variation des besoins en fonds de roulement d'exploitation	+	Variation des besoins en fonds de roulement hors exploitation	=	Variation des besoins en fonds de roulement totaux
=		=		=		=		=
Recettes d'exploitation (encaissées)	−	Dépenses d'exploitation (décaissées)	=	Excédent de trésorerie d'exploitation	+	Excédent de trésorerie hors exploitation	=	Excédent de trésorerie global

La mesure moderne de l'autofinancement. — Les indicateurs précédents issus du PCG présentent plusieurs inconvénients.

L'EBE est une notion trop restrictive par rapport à l'activité de l'entreprise. Il est tout de même dommage de mesurer l'autofinancement d'une entreprise sans tenir compte de notions aussi normales et récurrentes que les autres produits et charges d'exploitation, les éléments financiers hors endettement, les éléments exceptionnels, la participation des salariés et l'impôt sur le bénéfice ! Cela fait beaucoup. En outre, l'EBE peut faire l'objet de manipulations volontaires par le jeu du reclassement en exceptionnel de certaines charges d'exploitation.

Paradoxalement, si on ne peut pas reprocher à la CAF d'être un indicateur plus complet, on peut lui reprocher de l'être trop. Elle contient l'ensemble des gains de trésorerie économiques mais également une partie des coûts de financement, ceux qui sont liés à l'endettement. De ce fait, elle s'interprète comme la partie de l'autofinancement qui revient aux seuls associés. Mais il manque alors un indicateur d'autofinancement « économique » avant toute répartition entre les apporteurs de capitaux.

Ce rôle est rempli par le concept anglo-saxon « EBITDA » que personne n'a encore osé traduire par « BAICFAP ». Nous préférons lui substituer une appellation plus francophone : la « ressource d'autofinancement de l'exercice » (RAF). Bien sûr : RAF (avant impôt) = EBITDA.

La ressource d'autofinancement de l'exercice (RAF) est l'autofinancement potentiel, le gain de trésorerie, qui résulte de l'ensemble des activités économiques de l'entreprise. Elle se calcule (avant impôt) comme la différence entre tous les produits encaissables et toutes les charges décaissables à l'exception des frais financiers nets et de l'impôt sur le bénéfice. Bien entendu, avant impôt, elle se déduit de la CAF par la formule suivante : RAF = CAF + Frais financiers nets (hors charges calculées et impôt) + Impôt sur les bénéfices. Après impôt, le calcul devient : RAF = CAF + Frais financiers nets (hors charges calculées) – Économies d'impôt sur les frais financiers nets ; soit : RAF = CAF + FFN (hors charges calculées).

La RAF s'interprète comme le gain d'autofinancement économique initial généré par l'activité au cours d'une période *avant* rémunération des capitaux antérieurement investis dans cette activité. Elle mesure la ressource brute nouvelle générée par l'activité avant imputation de tout ou partie du coût des ressources financières utilisées dans le cadre de cette activité. C'est le gain de trésorerie économique potentiel à partager entre les apporteurs de capitaux. Contrairement à ce qui est souvent affirmé à tort, elle est beaucoup plus proche de la CAF que de l'EBE, ce dernier concept étant largement en train de tomber en désuétude.

Les tableaux de financement

L'autofinancement n'est pas le seul flux qui touche la trésorerie. Pour conduire une analyse sérieuse de l'évolution de la situation financière de l'entreprise et de la politique financière qui a pu ou qui pourra être conduite, il est impératif de s'intéresser à la totalité des flux qui peuvent entrer ou sortir de sa trésorerie. *Le tableau de financement est un document qui recense l'ensemble des flux qui affectent la trésorerie de l'entreprise au cours d'une période en les regroupant par grandes masses.* C'est une sorte de « livre de caisse » : on y note tout ce qui entre et tout ce qui sort et on doit, par différence, retrouver la variation entre le solde au début et le solde à la fin.

Présentation d'un tableau de financement

Traditionnellement, on présente un tableau de financement « en compte » en plaçant à droite les entrées de trésorerie (maladroitement appelées *ressources nouvelles*) et en positionnant à gauche les sorties de trésorerie (maladroitement appelées *emplois nouveaux*). Mais d'autres présentations sont possibles : en liste, en colonnes, avec mise en évidence de soldes intermédiaires, avec regroupement des flux par catégories, normatif ou non, etc. L'éventail des possibilités est très large et comme ce document n'est pas normalisé, chacun peut y aller de sa proposition. On voit ainsi fleurir toutes sortes d'appellations synonymes : tableau des flux, tableau emplois-ressources, *cash flows statement*, etc.

Exemple de tableau de financement simple

Emploi	Ressources
Dividendes	Ressource d'autofinancement
Frais financiers nets	
Achats d'immobilisations d'exploitation	Cessions d'immobilisation d'exploitation
Achats d'immobilisations hors exploitation	Cessions d'immobilisation hors exploitation
Prêts octroyés	Remboursements de prêts
Réduction des capitaux propres	Nouveaux capitaux propres
Remboursement d'emprunts	Nouveaux emprunts
Augmentation du BFR d'exploitation	Diminution du BFR d'exploitation
Augmentation des créances hors exploitation	Diminution des créances hors exploitation
Diminution des dettes hors exploitation	Augmentation des dettes hors exploitation
Diminution des dettes courantes	Augmentation des dettes courantes
Augmentation de la trésorerie-actif	Diminution de la trésorerie-actif
Total	Total

Quelles que soient l'appellation retenue et la présentation adoptée, *tous les tableaux de financement ont le même contenu de base*. Ils contiennent tous une liste exhaustive des entrées et des sorties de trésorerie. Une fois qu'on en a établi un, les autres en découlent directement sans aucun problème. Alors pourquoi se compliquer la vie ? Autant en choisir un le plus simple possible, par exemple un tableau « naïf » qui présente les grandes masses de flux dans l'ordre où elles impactent le bilan ; c'est celui qui est proposé ci-dessus. On peut également présenter le tableau de financement sous une forme synthétique pour mettre en évidence les relations entre les flux et les « stocks » de trésorerie ; cela correspond au tableau présenté page suivante.

Le tableau de financement est un document dont la construction n'est pas aisée, même pour quelqu'un qui intervient à l'intérieur de l'entreprise, car il regroupe des informations qui sont éparpillées dans de nombreuses sources : les bilans, le compte de résultat, les notes annexes et parfois jusque dans le détail de certains comptes issus du grand livre lui-même. Cela étant, c'est un document très utile pour comprendre les forces et les faiblesses financières de l'entreprise. Avec un peu d'habitude, son interprétation se révèle relativement facile pour peu qu'on ait compris qu'il faut en commencer la lecture à partir des plus gros chiffres qu'il contient...

Les ratios de cash flows

L'interprétation d'un tableau de financement et de la situation de trésorerie en général est grandement facilitée par le recours à certains ratios

Tableau de financement en trois dimensions

Produits d'exploitation encaissables	−	Charges d'exploitation décaissables	=	Excédent brut d'exploitation	+	Excédent brut hors exploitation	=	Capacité d'auto-financement	+		+	Flux de financement	=	Variation des ressources stables
−		−		−		−		−		−		+		−
Variation stock de produits Variation créances d'exploitation	−	Variation stock d'appro. Variation dettes d'exploitation	=	Variation des besoins en fonds de roulement d'exploitation	+	Variation des besoins en fonds de roulement hors exploitation	=	Variation des besoins en fonds de roulement totaux	+	Flux d'équipement	+		=	Variation des besoins financiers totaux
=		=		=		=		=		=		=		=
Recettes d'exploitation (encaissées)	−	Dépenses d'exploitation (décaissées)	=	Excédent de trésorerie d'exploitation	+	Excédent de trésorerie hors exploitation	=	Excédent de trésorerie global	+	Flux d'équipement	+	Flux de financement	=	Variation de la trésorerie

spécifiques. Nous les avons appelés ratios de *cash flows* faute d'avoir trouvé une appellation plus universelle dans les ouvrages spécialisés, dans lesquels on ne leur accorde, il faut bien le dire, qu'une place généralement très réduite. C'est dommage car ils peuvent apporter un éclairage décisif sur la performance et les conditions de fonctionnement d'une entreprise. On peut en distinguer plusieurs sous-ensembles.

Les ratios d'autofinancement. — Un ratio d'autofinancement s'analyse comme un ratio de rentabilité, c'est un gain rapporté à un capital investi ou engagé pour l'obtenir. La différence est dans le calcul puisque le gain dont il est question ici n'est pas un gain en patrimoine mais un gain de trésorerie, c'est-à-dire une mesure d'autofinancement. La différence est également dans le niveau et dans l'interprétation : un ratio de rentabilité peut toujours s'interpréter dans l'absolu par rapport au coût du capital correspondant tandis que ce n'est pas le cas d'un ratio d'autofinancement, qui ne peut s'interpréter qu'à l'aide de comparaisons temporelles ou sectorielles. Comme pour les ratios de rentabilité, on distingue les ratios d'autofinancement économique et les ratios d'autofinancement financier.

Les *ratios d'autofinancement « économique »* rapportent un gain de trésorerie économique au capital économique investi. L'archétype en est le ratio d'autofinancement « global » qui, selon le secteur d'activité et la nature des besoins (immobilisations ou BFR), doit atteindre des niveaux de l'ordre de 20 % à 25 % par exemple pour une entreprise industrielle :

Ratio d'autofinancement global :

$$\frac{\text{Ressource d'autofinancement (RAF)}}{\text{Besoin de financement total (BFT)}}.$$

Les *ratios d'autofinancement « financier »* rapportent le gain de trésorerie qui revient à une catégorie d'apporteurs de capital au capital engagé par ces investisseurs. Si l'on considère qu'il y a deux ensembles de bailleurs de fonds, les associés et les prêteurs, on peut en déduire qu'il doit y avoir deux ratios de ce type. Mais celui qui concerne les prêteurs n'est rien d'autre que le coût des dettes financières nettes déjà évoqué plus haut (aux charges financières calculées près), il est inutile de le reproduire ici. Le ratio utile à ce niveau est le ratio d'autofinancement « propre » qui, selon le secteur d'activité et la nature des besoins, doit atteindre des niveaux de l'ordre de 25 % à 30 % par exemple pour une entreprise industrielle :

Ratio d'autofinancement propre :

$$\frac{\text{Capacité d'autofinancement (CAF)}}{\text{Fonds propres (FP)}}.$$

Les ratios de répartition de l'autofinancement. — Une fois obtenu, l'autofinancement est ensuite réparti selon la « cascade » qui est présentée sous forme de schéma. Sa « descente » en termes de partage est particulièrement intéressante pour déterminer la pertinence de l'affectation de l'autofinancement.

La « cascade » de l'autofinancement

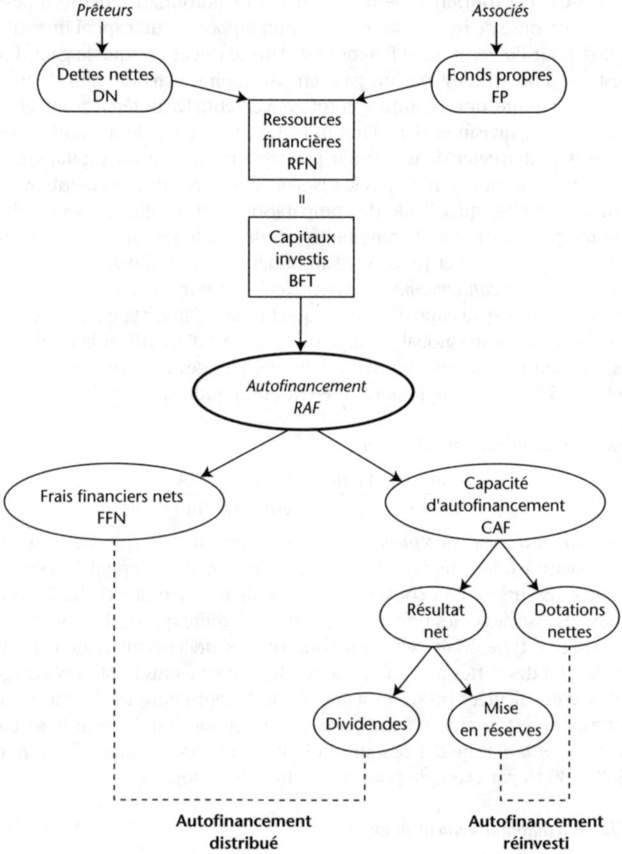

Le partage de la ressource d'autofinancement :

$$\frac{\text{Capacité d'autofinancement (CAF)}}{\text{Ressource d'autofinancement (RAF)}}$$

$$\frac{\text{Frais financiers nets (FFN)}}{\text{Ressource d'autofinancement (RAF)}}$$

Par construction, la somme de ces deux ratios est égale à 100 %. Il ne surprendra personne que l'on puisse affirmer que le premier doit être le plus élevé possible. Mais jusqu'à quel niveau peut-on accepter de voir monter le second ? Difficile de définir un seuil valable dans toutes les situations. Cependant, dans le cas général, il n'est pas très bon que les frais financiers « mangent » plus de la moitié de l'autofinancement.

Le partage de la capacité d'autofinancement :

$$\frac{\text{Résultat net (RN)}}{\text{Capacité d'autofinancement (CAF)}}$$

$$\frac{\text{Dotations nettes (DAP – R/P)}}{\text{Capacité d'autofinancement (CAF)}}$$

Là encore, la somme des deux ratios précédents est égale à 100 %. Mais quelle est la répartition idéale ? Tout dépend de la valeur absolue de la CAF et des circonstances propres à chaque entreprise. En général, il est admis qu'un partage moitié-moitié est acceptable car il signifie que l'entreprise rémunère ses associés tout en conservant les moyens de maintenir son outil de production en bon état pour l'avenir.

Les ratios de politique financière. — Une entreprise n'a que trois moyens de financer ses investissements nets dans les besoins : faire appel aux associés, faire appel aux prêteurs ou s'autofinancer. On peut en dériver trois ratios dits « de politique financière » dont la somme est nécessairement égale à 100 % :

$$\frac{\text{Entrée nette de capitaux propres}}{\text{Investissements nets}}$$

$$\frac{\text{Entrée nette de dettes financières}}{\text{Investissements nets}}$$

$$\frac{\text{Autofinancement réinvesti}}{\text{Investissements nets}}.$$

La proportion respective de ces trois éléments est à juger en fonction de la situation particulière de chaque entreprise au regard de sa structure financière existante et de son niveau de croissance. Par exemple, dans le cas d'une entreprise ayant une structure financière équilibrée et ne connaissant aucune croissance (pour laquelle les investissements nets sont des dépenses de remplacement ne permettant qu'un maintien de l'outil de production en l'état), la répartition idéale est bien sûr : 0 % – 0 % – 100 %.

Les ratios de remboursement. — Les *ratios de remboursement* rapportent un élément de dette financière à un indicateur d'autofinancement qui est en général la CAF. Le numérateur peut être l'ensemble des dettes financières nettes ou seulement une partie, par exemple uniquement les dettes permanentes. Le plus courant est le « délai de remboursement global » qui mesure le nombre d'années nécessaires pour rembourser les dettes en supposant que l'on consacre la totalité de la CAF au service de la dette. Il doit être inférieur à l'échéance moyenne de la dette financière, soit trois ans dans la plupart des cas :

Le délai de remboursement global :

$$\frac{\text{Dettes financières nettes (DN)}}{\text{Capacité d'autofinancement (CAF)}}.$$

IV / La politique de financement

La politique de financement a pour objet de fournir à l'entreprise les ressources dont elle a besoin et d'en maintenir l'adéquation dans le temps. Elle a un rôle d'équilibrage déjà évoqué au chapitre II : ajuster les ressources aux besoins en masses et en termes. Elle a un rôle d'optimisation : obtenir les ressources au moindre coût. Elle a un rôle d'arbitrage : définir un « cocktail » de ressources acceptable par tous les intervenants qui permette de satisfaire aux deux contraintes précédentes.

Le coût d'une source de financement

Puisque c'est la motivation principale de ses bailleurs de fonds, l'entreprise doit rémunérer les ressources financières qui sont mises à sa disposition. Celles-ci ont pour la firme un coût explicite ou implicite qu'il n'est pas toujours facile de percevoir. Comment ce coût est-il défini et comment se mesure-t-il ?

Principe général : le taux actuariel

Le coût d'une source de financement se mesure par un taux. Par exemple, si une ressource de 1 000 euros implique le versement annuel d'une rémunération de 100 euros, le coût de cette ressource est de 10 % l'an ($10\ \% = \frac{100}{1\,000}$). Mais les situations ne sont pas toutes aussi simples dans la réalité. La plupart du temps, l'entreprise perçoit un montant de ressource aujourd'hui et s'engage en contrepartie à verser périodiquement dans le futur des sommes (annuités) qui ne sont pas nécessairement égales. Il faut alors recourir à la notion de *taux actuariel* pour obtenir une mesure pertinente du coût de la ressource.

D'une manière générale, le coût d'une ressource de financement est mesuré par le taux actuariel qui résulte de l'égalité entre la valeur actuelle des sommes perçues par l'emprunteur et la valeur actuelle des sommes qu'il doit verser en contrepartie. Cela peut s'exprimer mathématiquement à l'aide d'une équation :

$$C_0 = \frac{a_1}{(1+k)^1} + \frac{a_2}{(1+k)^2} + \dots + \frac{a_{n-1}}{(1+k)^{n-1}} + \frac{a_n}{(1+k)^n}$$

où C_0 est le capital financé (valeur aujourd'hui, à la date t = 0), a_t l'annuité versée à l'année t (t variant entre 1 et n) et k le taux actuariel qui représente la mesure du coût de la ressource.

Par exemple, si l'obtention aujourd'hui d'une ressource de 1 305 euros implique de verser 580 euros dans 1 an, puis 650 euros dans 2 ans, puis 470 euros dans 3 ans, alors le coût de cette ressource est de 15 % car ce taux actuariel vérifie l'égalité : $1\,305 = \frac{580}{(1{,}15)^1} + \frac{650}{(1{,}15)^2} + \frac{470}{(1{,}15)^3}$.

Il est possible de distinguer entre le coût apparent et le coût réel d'une source de financement. Le *coût apparent* est taux actuariel résultant de l'égalité entre le montant historique (comptable) encore non remboursé de la ressource et la valeur actuelle de la rémunération restant à verser. Le *coût réel* est le taux actuariel résultant de l'égalité entre la valeur de marché de la ressource et la valeur actuelle de la rémunération restant à verser. Le premier exprime le coût obtenu dans le passé pour une ressource dont bénéficie actuellement l'entreprise tandis que le second représente le coût que subirait l'entreprise si elle devait se procurer la ressource aujourd'hui. L'usage de l'un ou de l'autre dépend de la nature de l'analyse que l'on souhaite conduire.

Le coût d'une dette financière

L'application de la formule générale à une dette financière ne pose aucun problème tant il est facile dans ce cas d'en évaluer les différentes variables. Il suffit d'écrire l'égalité entre le capital emprunté restant dû et la valeur actuelle des annuités restant à payer pour déterminer le taux actuariel de la dette qui en résulte.

Considérons un emprunt dont le montant restant dû est de 1 500 euros et pour lequel il reste 3 annuités à payer : la première dans 1 an s'élevant à 680 euros (500 euros de capital remboursé et 180 euros d'intérêts), la deuxième dans 2 ans s'élevant à 620 euros (500 euros de capital remboursé et 120 euros d'intérêts) et la troisième dans 3 ans s'élevant à 560 euros (500 euros de capital remboursé et 60 euros d'intérêts). Le coût de cette dette financière estimée par son taux actuariel est alors de 12 % puisque l'on peut vérifier que : $1\,500 = \frac{680}{(1{,}12)^1} + \frac{620}{(1{,}12)^2} + \frac{560}{(1{,}12)^3}$.

Le coût de la dette ainsi calculé est un coût « avant impôt » en ce sens qu'il ne prend pas en compte le statut fiscal des différents versements. Or, dans un emprunt classique, les charges d'intérêt sont déductibles du résultat fiscal imposable au taux normal et elles génèrent une économie d'impôt qui a pour effet de réduire le coût réel de la dette. Si l'on prend en compte cet avantage fiscal, on obtient le coût « après impôt » en adaptant la formule générale de la manière suivante :

$$C_0 = \frac{m_1 + I_1.(1 - \dagger)}{(1 + k)^1} + \frac{m_2 + I_2.(1 - \dagger)}{(1 + k)^2} + \ldots + \frac{m_n + I_n.(1 - \dagger)}{(1 + k)^n}$$

dans laquelle C_0 est le capital emprunté restant dû à la date t = 0, m_t le capital qui sera remboursé à l'année t (t variant entre 1 et n), I_t l'intérêt qui sera payé à l'année t et † le taux normal d'imposition.

Dans l'exemple ci-dessus, si le taux d'imposition † est de 33,33 % (1/3), on peut alors constater que : $1\,500 = \frac{500 + 180.(1-1/3)}{(1{,}08)^1} + \frac{500 + 120.(1-1/3)}{(1{,}08)^2}$ $+ \frac{500 + 60.(1 - 1/3)}{(1{,}08)^3}$ et en inférer que le coût de la dette après impôt est de 8 %. Mais on peut déduire le coût « après » impôt d'un emprunt classique directement par imputation de l'effet fiscal sur son coût « avant » impôt. Si k est le coût d'une dette avant impôt et si † est le taux d'imposition de droit commun, alors k . (1 – †) est le coût de la dette après impôt, soit ici : k . (1 – †) = 12 % . (1 – 1/3) = 8 %. Ce type de calcul peut être mis en œuvre pratiquement quelle que soit la modalité d'emprunt considérée.

Le coût des fonds propres

L'estimation du coût des ressources provenant des associés à partir de la formule générale est plus difficile à réaliser pour au moins deux raisons : d'une part, le montant des fonds propres qui figure en comptabilité n'est représentatif ni de leur valeur historique ni de leur valeur de marché ; d'autre part, les montants de rémunération à verser dans le futur sont indéterminés à la date d'aujourd'hui puisqu'ils dépendent des profits à venir qui sont aléatoires par essence.

C'est pourquoi il est préférable de procéder à l'évaluation du coût des fonds propres par une autre méthode qui repose sur la notion de prime de risque par rapport au taux d'intérêt servi pour un placement sans risque. En désignant par k le coût des fonds propres, par r_f le taux de rendement d'un placement non risqué (dit « taux sans risque ») et par p la prime de risque pour l'entreprise concernée, on peut toujours écrire : $k = r_f + p$.

On peut se donner une idée du taux sans risque r_f en l'assimilant au taux de rendement des emprunts d'État à long terme tel que celui qui s'applique aux obligations assimilables du Trésor (OAT) à 10 ans. La prime de risque p ne peut être définie dans l'absolu car elle dépend du risque propre à chaque entreprise. Elle peut varier entre un minimum de 3 % applicable aux grandes entreprises cotées sur le marché boursier, jusqu'à des niveaux pouvant atteindre 30 % à 50 % pour des petites entreprises non cotées à l'activité risquée.

Par exemple, si le taux des OAT 10 ans est de 4 % et que la prime de risque est de 6 % pour une firme donnée, le coût de ses fonds propres peut être estimé à 10 % (soit : $k = r_f + p = 4\ \% + 6\ \% = 10\ \%$). Il existe de nombreux modèles, plus ou moins scientifiques, plus ou moins faciles à utiliser, pour déterminer cette prime de risque. L'un des plus connus est le MEDAFE (modèle d'évaluation des actifs financiers à l'équilibre) dans lequel la prime de risque est fonction d'un indicateur « béta » (β) qui est un coefficient propre à chaque entreprise de volatilité du rendement de ses actions par rapport au rendement moyen du marché des actions (r_m), avec : $p = \beta \cdot (r_m - r_f)$. Mais l'application pratique d'un tel modèle n'est ni très simple ni très fiable en raison des graves difficultés statistiques inhérentes à l'estimation des β.

Les dividendes n'étant pas déductibles du résultat imposable de l'entreprise, le financement par fonds propres ne bénéficie pas d'un avantage fiscal direct à son niveau. Cependant, il peut exister des formules fiscales qui permettent aux associés de récupérer sur leurs impôts personnels une partie de l'impôt sur le bénéfice déjà payé par l'entreprise. Il en résulte un avantage fiscal qui vient réduire indirectement le coût réel des fonds propres. Son impact varie en fonction de la part du résultat qui est distribuée sous forme de dividendes et en fonction du taux d'imposition sur le revenu de chaque associé. Il est donc impossible de définir une formule générale du coût des fonds propres « après impôt », qui ne serait d'ailleurs pas d'une grande utilité pratique.

S'il est certain qu'il y a un coût différent pour chacune des dettes, on peut affirmer qu'il y a un coût unique pour l'ensemble des fonds propres. Comment pourrait-il en être autrement alors qu'il n'existe qu'une seule sorte de titres représentatifs des fonds propres et qu'ils ont tous les mêmes prérogatives en termes de rémunération ?

Rechercher des différences de coût en relation avec les différences de traitement fiscal entre les composantes comptables des fonds propres nous paraît relever d'une optique plus juridique que financière. La réalité est que les associés globalisent les capitaux qu'ils ont mis à la disposition de l'entreprise et qu'ils en exigent un revenu moyen sans se préoccuper du classement comptable de leurs apports. Sur le marché boursier, la valeur des actions d'une firme (dont les variations influencent directement son coût de financement) représente l'ensemble des droits des associés dans les fonds propres présents et à venir, il n'est pas possible de la ventiler en plusieurs parties.

Soulignons aussi que *l'autofinancement ne constitue en aucun cas une ressource « gratuite »* pour l'entreprise. Il correspond à un gain qui appartient aux associés. Si ceux-ci décident de le laisser dans l'entreprise, ce n'est pas par bonté d'âme, c'est pour faire un investissement et en tirer un revenu supplémentaire. Étant donné qu'ils ont toujours la possibilité de « sortir » l'autofinancement de l'entreprise pour aller le placer ailleurs où ils en tireraient une meilleure rémunération, on imagine mal qu'ils envisagent de le lui laisser sans en exiger un revenu.

Le coût d'un crédit-bail

La détermination du coût d'une modalité de financement particulière est *a priori* toujours possible. Il suffit pour cela d'appliquer la formule générale aux flux financiers spécifiques qu'elle induit. Cela peut se révéler délicat lorsqu'on est confronté à des techniques de financement complexes. Le cas des opérations de crédit-bail fournit un bon exemple des difficultés que l'on peut rencontrer en la matière.

Une opération de crédit-bail met en relation l'entreprise et un intermédiaire financier spécialisé. Ce dernier apporte une somme d'argent à l'entreprise afin que celle-ci puisse se procurer un bien spécialement désigné. En échange, l'entreprise s'engage à lui verser des redevances périodiques pendant un certain temps. À l'issue de cette période, dite période de location, l'entreprise peut choisir d'abandonner le bien en l'état à la banque ou de le garder définitivement en effectuant un versement complémentaire. Les redevances périodiques sont inscrites en charges dans la comptabilité de l'entreprise et elles sont fiscalement déductibles du résultat imposable au taux normal. Dans la majorité des cas, l'opération ne s'analyse pas comme une vraie location, mais comme une vente à terme ferme avec financement par un crédit implicite.

Comment trouver un taux qui exprime le coût de financement par un tel procédé, compte tenu de ses spécificités comptables et fiscales, tout en restant comparable et homogène avec le taux d'intérêt d'un emprunt ordinaire ?

Il y a une très forte tentation à vouloir utiliser la relation ci-dessous qui est une application directe de la formule générale :

$$C_0 = \frac{R_1}{(1+k)^1} + \frac{R_2}{(1+k)^2} + \dots + \frac{R_n}{(1+k)^n}$$

où C_0 est le capital emprunté (c'est-à-dire la valeur du bien acheté à l'aide du crédit-bail), R_t la redevance versée à l'année t (t variant entre 1 et n) et k le taux actuariel mesurant le coût du crédit-bail avant impôt.

Cette formule est vraie *avant* impôt. Malheureusement, pour obtenir le coût du crédit-bail *après* impôt, il n'est pas possible de pratiquer une simple multiplication du type k . (1 – †) dans laquelle † serait le

Exemple de calcul du coût d'une opération de crédit-bail

Soit à financer une machine d'une valeur de 1 000 euros et impliquant le versement de 4 redevances de 340 euros en fin d'année avec une option d'achat à l'euro symbolique en fin de location. Cette machine est normalement amortissable en 4 ans selon le système linéaire et le taux d'imposition est de 1/3. Nous pouvons écrire :

C_0 = 1 000 euros (capital emprunté à la date t = 0)

R_t = 340 euros (redevance versée à l'année t, t variant entre 1 et 4)

DA_t = 250 euros (dotations aux amortissements de l'année t, t variant entre 1 et 4)

$\dagger$ = 1/3 (taux d'imposition de droit commun).

D'où :

$R_t . (1 - \dagger) = 340 \times 2/3 = 226{,}66$ euros

$DA_t . \dagger = 250 \times 1/3 = 83{,}33$ euros

$R_t . (1 - \dagger) + DA_t . \dagger = 226{,}66 + 83{,}33 = 310$ euros.

Le coût de financement *avant* impôt est de 13,54 % puisque ce taux est solution de l'équation :

$$1\,000 = \frac{340}{(1+k)^1} + \frac{340}{(1+k)^2} + \frac{340}{(1+k)^3} + \frac{340}{(1+k)^4}.$$

Le coût de financement *après* impôt est de 9,20 % puisque ce taux est solution de l'équation :

$$1\,000 = \frac{310}{(1+k)^1} + \frac{310}{(1+k)^2} + \frac{310}{(1+k)^3} + \frac{310}{(1+k)^4}.$$

NB : si le taux d'intérêt d'un emprunt classique était de 13,54 %, le coût de financement après impôt correspondant serait de 13,54 % x (1 – 1/3) = 9,03 %. Une bonne décision de politique de financement consisterait à opter pour l'emprunt qui apparaît moins cher dans ce cas particulier.

taux normal d'imposition. Si l'on veut obtenir un taux qui soit comparable à un taux d'intérêt d'emprunt, il faut tenir compte des différences de traitement fiscal entre les deux modalités de financement et d'acquisition du bien.

Lorsqu'une entreprise choisit de financer l'achat d'une immobilisation amortissable par un emprunt classique, elle bénéficie de la possibilité de comptabiliser des dotations aux amortissements qui sont fiscalement déductibles. Dans un crédit-bail, la totalité de la redevance est fiscalement déductible mais l'entreprise ne peut pas bénéficier de la déductibilité des dotations aux amortissements puisque le bien financé n'est pas inscrit dans les immobilisations.

Or les formules de calcul du coût d'un emprunt classique après impôt présentées ci-dessus ne prennent jamais en considération les flux qui ne sont pas directement liés à l'opération. En particulier, l'avantage fiscal sur les dotations aux amortissements du bien qui a été financé à l'aide de l'emprunt n'est pas intégré dans le calcul du taux actuariel après impôt de cet emprunt.

Si l'on veut maintenir la cohérence des deux estimations, il faut intégrer la perte de ces économies d'impôt sur les dotations aux amortissements comme s'il s'agissait de décaissements liés à l'opération de crédit-bail. Cela conduit à calculer le coût du crédit-bail *après* impôt à l'aide de la formule suivante :

$$C_0 = \frac{DA_1.\dagger + R_1.(1 - \dagger)}{(1 + k)^1} + \frac{DA_2.\dagger + R_2.(1 - \dagger)}{(1 + k)^2} + \ldots + \frac{DA_n.\dagger + R_n.(1 - \dagger)}{(1 + k)^n}$$

où C_0 est le capital emprunté (la valeur du bien acheté à l'aide du crédit-bail), R_t la redevance versée à l'année t, DA_t la dotation aux amortissements (comptables) de l'année t, † le taux d'imposition de droit commun et k le taux actuariel correspondant à la mesure du coût du crédit-bail *après* impôt. Dans cette formule, le terme $DA_t.\dagger$ représente l'économie d'impôt relative à la dotation aux amortissements dont il n'est pas possible de bénéficier dans le cadre de l'opération de crédit-bail.

La réunion des ressources de financement

Réunir des ressources de financement n'est pas une opération anodine. Lorsqu'il s'agit d'investir, il est toujours possible d'affirmer que « l'argent n'a pas d'odeur » pour indiquer que sa provenance est indifférente. Mais quand on en est au stade de sa collecte, il n'en est pas de même. Le choix d'une ressource plutôt qu'une autre peut avoir une incidence considérable sur le coût total des fonds ainsi que sur le risque subi par les associés et les prêteurs.

Le coût moyen pondéré du capital

Comment passe-t-on du coût individuel de chacune des ressources de financement au coût de financement global d'une entreprise ? La réponse la plus simple consiste à énoncer que le coût global est égal à la moyenne des coûts de chaque source individuelle de financement pondérée par la proportion de chacune de ces sources dans le total. Le résultat obtenu porte le nom de *coût moyen pondéré du capital* (CMPC, en anglais WACC) et peut s'exprimer par la formule suivante :

$$k_0 = \frac{k_1.R_1 + k_2.R_2 + \ldots + k_p.R_p}{R_1 + R_2 + \ldots + R_p}$$

où k_0 est le coût moyen pondéré du capital, k_i le coût de la ressource de financement i (i variant de la 1re à la p^e ressource) et R_i le montant de la ressource i.

Étant donné que, dans le cas général, les ressources ne sont constituées que de dettes financières ou de fonds propres, l'habitude a été prise de

Exemple de calcul du CMPC

k_s = Coût des fonds propres = 15 %
k_d = Coût moyen des dettes financières nettes = 6 %
S = Valeur des fonds propres = 60
D = Valeur des dettes financières nettes = 40

$$k_0 = k_s.\frac{S}{S+D} + k_d.\frac{D}{S+D} = 0{,}15.\frac{60}{100} + 0{,}06.\frac{40}{100} = 11{,}4\ \%$$

calculer au préalable le coût moyen de ces deux catégories et d'exprimer le coût moyen pondéré du capital sous la forme simplifiée suivante :

$$k_0 = \frac{k_s.S + k_d.D}{S+D} \text{ ou : } k_0 = k_s.\frac{S}{S+D} + k_d.\frac{D}{S+D}$$

où k_0 est le coût moyen pondéré du capital, k_s le coût moyen des fonds propres, k_d le coût moyen des dettes financières nettes, S le montant total des fonds propres et D le montant total des dettes financières nettes (*NB* : nous utilisons dans ce chapitre les notations S au lieu de FP et D au lieu de DN pour alléger les formules).

Effet de levier et risque financier

Le coût des dettes financières est notoirement inférieur au coût des fonds propres. Or la formule du coût moyen pondéré du capital fait intervenir la pondération entre les fonds propres et les dettes. On peut être tenté de penser que si une ressource est moins coûteuse qu'une autre, il suffit d'augmenter sa proportion dans l'ensemble pour faire diminuer le coût global. Ce raisonnement trouve sa limite dans le fait que les coûts des différentes ressources ne sont pas indépendants les uns des autres. L'analyse probabiliste de l'effet de levier permet de mettre en évidence les enjeux du risque financier.

Considérons deux entreprises parfaitement identiques (mêmes actifs) mais qui diffèrent par leur financement, l'une étant totalement financée par fonds propres, l'autre étant partiellement financée par dette, avec : V = Valeur des actifs des deux entreprises identiques = 1 000 ; S_{nd} = Valeur des fonds propres de l'entreprise non endettée = 1 000 ; D = Valeur de la dette financière de l'entreprise endettée = 800 ; S_d = Valeur des fonds propres de l'entreprise endettée = 200.

Il y a nécessairement égalité entre les ressources de financement et les actifs qui ont été acquis à l'aide de ces ressources, donc : $V = S_{nd} = D + S_d = 1\,000$.

Désignons par BAICF le bénéfice avant impôts et frais financiers, qui est le même pour les deux entreprises. Supposons que le BAICF soit une variable aléatoire dont on peut mesurer l'espérance et la variance. On peut écrire : E (BAICF) = Espérance de bénéfice avant impôts et frais financiers = 150 ; V (BAICF) = Variance de bénéfice avant impôts et frais financiers = 2 500 = $(50)^2$. Cela signifie que ces deux entreprises sont susceptibles d'obtenir un BAICF qui peut varier entre 50 et 250 dans 95 % des cas (la moyenne plus ou moins deux écarts-types) s'il est distribué selon une loi normale. Le risque économique est ainsi pris en compte dans l'analyse à travers la variance qui mesure la volatilité du gain.

Le taux de rendement économique des capitaux investis dans l'une ou l'autre entreprise est défini comme le rapport du revenu des actifs au montant des actifs investis. Si nous notons $R_{éco}$ le taux de rendement économique avant impôt des capitaux investis, son espérance et sa variance peuvent être calculés de la manière suivante :

$$E(R_{éco}) = E\left(\frac{BAICF}{V}\right) = \frac{E(BAICF)}{E(V)} = \frac{E(BAICF)}{V} = \frac{150}{1\,000} = 15\ \%$$

$$V(R_{éco}) = V\left(\frac{BAICF}{V}\right) = \frac{V(BAICF)}{V^2} = \frac{2\,500}{1\,000\,000} = 0{,}0025 = (5\ \%)^2.$$

Si nous désignons à présent par BN le bénéfice net et par R_{fin} le taux de rendement des fonds propres après impôt, il est clair que ces indicateurs ne seront pas identiques pour les deux entreprises en raison de la différence existant entre leurs modalités de financement. En règle générale, nous avons les relations suivantes :

$$E(R_{fin}) = E\left(\frac{BN}{S}\right) = \frac{E(BN)}{E(S)} = \frac{E(BN)}{S}$$

$$V(R_{fin}) = V\left(\frac{BN}{S}\right) = \frac{V(BN)}{S^2}$$

or : BN = (BAICF – i. D). (1 – †) où i est le taux d'intérêt à payer sur la dette (avec i = 6 %) et † est le taux normal d'imposition (avec † = 1/3).

En ce qui concerne la firme non endettée, puisque les charges financières sont nulles, on peut écrire : BN_{nd} = BAICF. (1 – †) = 150.2/3 = 100. Donc :

$$E_{nd}(R_{fin}) = \frac{E(BN_{nd})}{S_{nd}} = \frac{E[BAICF.(1 - †)]}{V} = \frac{E(BAICF)}{V}.(1 - †) = E(R_{éco}).(1 - †)$$

$$= 15\ \%.\frac{2}{3} = 10\ \%$$

$$V_{nd}(R_{fin}) = \frac{V(BN_{nd})}{S^2_{nd}} = \frac{V[BAICF.(1 - †)]}{V^2} = \frac{V(BAICF)}{V^2}.(1 - †)^2 =$$

$$V(R_{éco}).(1 - †)^2 = (5\ \%)^2.\left(\frac{2}{3}\right)^2 = (3{,}33\ \%)^2 = 0{,}00111.$$

Pour une firme non endettée, il existe une parfaite proportionnalité entre le bénéfice net et le bénéfice avant impôt et charges financières, ainsi qu'entre le taux de rendement financier et le taux de rendement économique. Si l'on faisait abstraction des incidences fiscales, il y aurait une stricte égalité.

Pour la firme endettée, l'existence de charges financières vient modifier les choses. Ici, l'on a : $BN_d = (BAICF - i.\ D).\ (1 - †) = (150 - 0{,}06.800).2/3 = 102.2/3 = 68$. D'où, pour ce qui concerne les espérances :

$$E_d(R_{fin}) = \frac{E(BN_d)}{S_d} = \frac{E[(BAICF - i.D).(1 - †)]}{S_d} = \frac{E(BAICF) - i.D}{S_d}.(1 - †)$$

$$E_d(R_{fin}) = \frac{E(R_{éco}).V - i.D}{S_d}.(1 - †) = \frac{E(R_{éco}).(S_d + D) - i.D}{S_d}.(1 - †)$$

$$E_d(R_{fin}) = \frac{[E(R_{éco}).S_d + E(R_{éco}).D] - i.D}{S_d}.(1 - †)$$

$$= \left(E(R_{éco}) + [E(R_{éco}) - i].\frac{D}{S_d}\right).(1 - †)$$

$$E_d(R_{fin}) = \left(E(R_{éco}) + [E(R_{éco}) - i].\frac{D}{S_d}\right).(1 - †)$$

$$E_d(R_{fin}) = \left(15\ \% + [15\ \% - 6\ \%].\frac{800}{200}\right).\left(1 - \frac{1}{3}\right) = 51\ \%.\frac{2}{3} = 34\ \%.$$

Aux incidences fiscales près, l'espérance de rendement des capitaux propres investis dans la firme endettée est égale au rendement des capitaux propres de la firme non endettée (i.e. *le rendement économique après impôt) augmenté d'un terme qui est fonction du rapport D/S nommé* levier. *C'est ce que l'on appelle l'« effet de levier » financier.*

Selon le niveau relatif du taux d'intérêt de la dette et du taux de rentabilité économique, l'effet de levier peut jouer positivement ou négativement. Trois cas peuvent se présenter :

$R_{éco} > i \Rightarrow R_{fin} > R_{éco}$

$R_{éco} = i \Rightarrow R_{fin} = R_{éco}$

$R_{éco} < i \Rightarrow R_{fin} < R_{éco}$.

Il est tout à fait possible d'avoir une relation favorable entre les espérances *ex ante* (c'est-à-dire $E\ (R_{éco}) > i$) et une réalisation *ex post* qui traduit une situation défavorable ($R_{éco} < i$). Car, si le taux d'intérêt de la dette i est connu à coup sûr, le taux de rendement économique est une inconnue en raison du risque économique. L'entreprise n'est jamais sûre de bénéficier d'un effet de levier positif.

Si nous observons maintenant l'impact sur les variances, nous obtenons :

$$V_d(R_{fin}) = V\left(\frac{BN_d}{S_d}\right) = V\left(\frac{(BAICF - i.D).(1 - †)}{S_d}\right) = V\left(\frac{(R_{éco}.V - i.D).(1 - †)}{S_d}\right)$$

$$V_d(R_{fin}) = V\left(\frac{[R_{éco}.(S_d + D) - i.D].(1 - †)}{S_d}\right)$$

$$= V\left\{\left[R_{éco}.\left(1 + \frac{D}{S_d}\right) - i.\frac{D}{S_d}\right].(1 - †)\right\}$$

$$V_d(R_{fin}) = \left(1 + \frac{D}{S_d}\right)^2.(1 - \dagger)^2.V(R_{éco})$$

$$V_d(R_{fin}) = \left(1 + \frac{800}{200}\right)^2.\left(1 - \frac{1}{3}\right)^2.(5\ \%)^2 = (25\ \%)^2.\left(\frac{2}{3}\right)^2 = (16{,}67\ \%)^2 = 0{,}02778.$$

La variance du rendement des fonds propres de la firme endettée est égale à la variance des fonds propres de la firme non endettée (égale à la variance du rendement économique après impôt) multipliée par un facteur qui est fonction du carré du levier D/S.

Le différentiel d'effet de levier sur le rendement et le risque financier

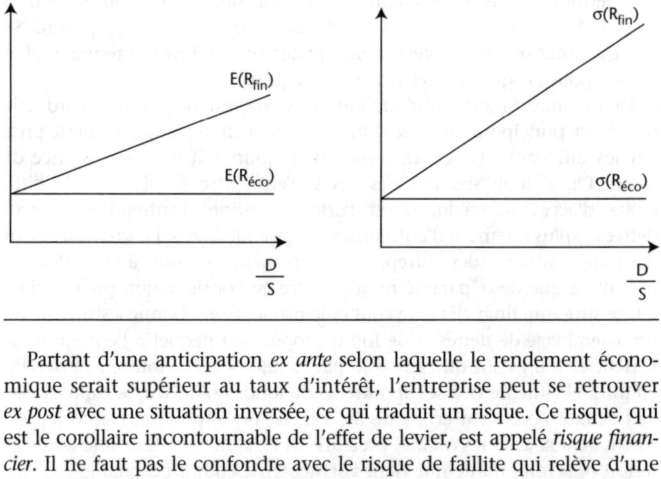

Partant d'une anticipation *ex ante* selon laquelle le rendement économique serait supérieur au taux d'intérêt, l'entreprise peut se retrouver *ex post* avec une situation inversée, ce qui traduit un risque. Ce risque, qui est le corollaire incontournable de l'effet de levier, est appelé *risque financier*. Il ne faut pas le confondre avec le risque de faillite qui relève d'une autre analyse. Le risque financier est mesuré par la variance du rendement des fonds propres qui subit également un effet de levier quand l'endettement augmente.

Ainsi, lorsque la part des dettes financières augmente dans le total du financement, les associés bénéficient d'une augmentation de leur espérance de gain mais subissent une augmentation encore plus importante de leur risque financier.

La structure du capital

La *structure financière* d'une entreprise désigne la proportion respective de ses dettes financières nettes et de ses fonds propres. On dit par exemple que la structure est 60-40 si l'entreprise est financée à 60 % par fonds

Les ratios de structure financière

$\frac{\text{Fonds propres}}{\text{Ressources financières nettes}}$: Part des fonds propres dans le financement.

$\frac{\text{Dettes financières nettes}}{\text{Ressources financières nettes}}$: Part des dettes financières nettes dans le financement.

$\frac{\text{Dettes financières nettes}}{\text{Fonds propres}}$: Levier (*alias gearing*).

propres et à 40 % par dettes financières nettes. Pour une mesure plus synthétique, on utilise également la notion de « levier » qui se définit comme le rapport du montant des dettes nettes aux fonds propres (D/S). Il est à noter que les professionnels préfèrent employer le terme anglais *gearing* pour évoquer le levier d'une entreprise.

La structure financière d'une entreprise ne résulte pas du hasard, elle relève en principe d'une décision explicitement ou implicitement prise par les dirigeants. Ce choix n'est pas toujours fait en connaissance de cause. On entend souvent des chefs d'entreprise se plaindre de difficultés d'accès au crédit. Il est parfois question d'entreprises « surendettées », plus rarement d'entreprises « sous-endettées ». Le « renforcement des fonds propres » des entreprises est un thème toujours à la mode.

Il n'y a que deux paramètres à prendre en considération pour décider d'une structure financière : le coût et le risque. Une « bonne » structure est un assemblage de dettes et de fonds propres qui permet à l'entreprise de bénéficier d'un coût du capital le plus faible possible tout en ne faisant courir à elle-même et à ses apporteurs de fonds qu'un risque supportable. Ces deux aspects sont en partie liés car, si l'on impose un risque supplémentaire aux associés ou aux prêteurs, ils exigent en retour une rémunération plus importante qui vient augmenter le coût du capital.

Le débat théorique

La structure financière d'une entreprise a-t-elle une influence sur son coût du capital ? Cette question est au centre de la plus célèbre controverse théorique qu'ait connue la communauté financière. Cet important débat fut alimenté par trois grandes approches contradictoires dont la connaissance est susceptible d'éclairer la question toujours actuelle du choix d'une structure.

L'approche par le bénéfice net. — Cette approche repose sur l'hypothèse que le coût des fonds propres k_s et le coût des dettes k_d sont indépendants du levier D/S. Cette hypothèse lui vaut la dénomination d'*approche par le* *bénéfice net* car elle signifie que les actionnaires ne réagissent qu'au montant du bénéfice distribuable (net) indépendamment de la façon dont celui-ci est obtenu. En outre, il est admis que le coût des fonds propres est supérieur au coût des dettes, soit $k_s > k_d$, en raison du degré de risque qui pèse sur les apporteurs respectifs de ces deux sources.

Si le coût du capital est de la forme $k_0 = k_s.\frac{S}{S + D} + k_d.\frac{D}{S + D}$, on en déduit qu'il diminue au fur et à mesure qu'augmente la part de la dette dans le total du financement. Autrement dit, le coût du capital diminue quand le levier D/S augmente et il atteint son minimum pour D/S infini. Il en résulte que la structure optimale du capital est celle où les dettes sont la seule source de financement.

Représentation graphique de l'approche « bénéfice net »

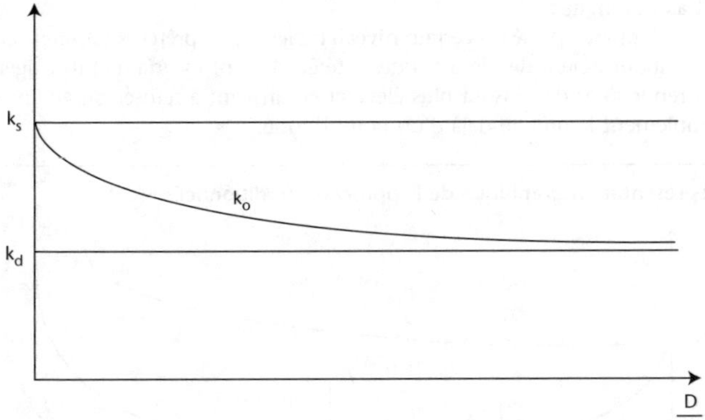

Cette analyse prend en compte l'impact de l'effet de levier sur les espérances de gains mais pas sur le risque financier qui n'est pas rémunéré lorsqu'il augmente. Ses conclusions ne sont conformes ni à la pratique des entreprises saines qui ne dépassent pas un niveau défini de levier, ni à la pratique des banques qui refusent d'être les seuls bailleurs de fonds d'une entreprise.

L'approche « traditionnelle ». — Elle repose sur l'idée que, en raison des attentes des investisseurs et de leur perception du « risque financier », le coût des fonds propres k_s subit trois phases de variation en fonction du levier D/S :

— 1re phase : le rendement exigé par les associés (qui est le coût des fonds propres) est constant, les investisseurs estimant que le supplément d'espérance de revenus compense le supplément de risque correspondant ;

— 2e phase : passé un certain niveau du levier, le rendement exigé par les associés se met à croître car l'augmentation du risque est perçue comme devant être rémunérée plus que proportionnellement ;

— 3e phase : au-delà d'un seuil critique du levier, les associés estiment que le risque financier est insupportable et le rendement qu'ils exigent devient infini.

Concernant le coût des dettes k_d, il connaît deux phases de variation en fonction du levier D/S, mais ces phases ne sont pas les mêmes que celles qui affectent le coût des fonds propres :

— 1re phase : le rendement exigé par les prêteurs (qui est le coût des dettes) est constant, les prêteurs considérant que la variation du levier ne met pas en danger le remboursement des dettes et des intérêts ; cette phase est assez longue ;

— 2e phase : passé un certain niveau du levier, les prêteurs estiment que le remboursement des dettes et des intérêts devient incertain et ils exigent un rendement de plus en plus élevé et en arrivent à refuser purement et simplement le prêt au-delà d'un point donné.

Représentation graphique de l'approche « traditionnelle »

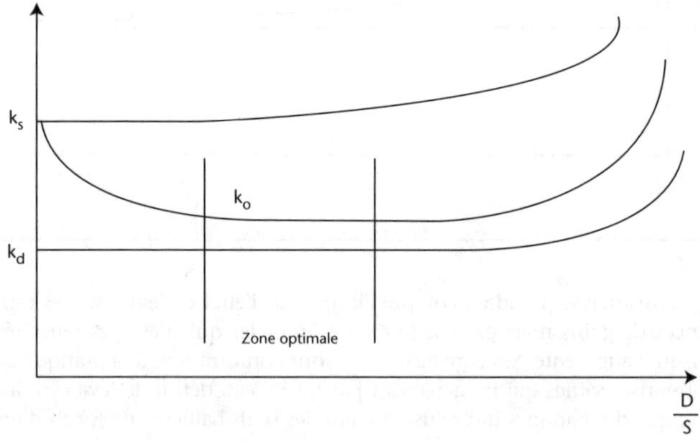

Puisque le coût des fonds propres est supérieur au coût des dettes, on en conclut que le coût du capital est une fonction successivement décroissante, constante puis croissante du levier. Le coût du capital atteint un minimum pour une valeur ou une plage de valeurs consécutives de D/S.

Cette analyse prend en considération les gains et les risques liés à l'effet de levier mais d'une manière telle que ses conclusions sont totalement déterminées par les hypothèses initiales. Elle ne repose pas sur des théories rationnelles de comportement, elle se borne à expliquer les observations faites sur le monde réel sans en rechercher les mécanismes profonds.

L'approche de Franco Modigliani et Merton Miller. — En 1958, deux auteurs américains ont publié un article célèbre qui marque l'avènement de la finance moderne pour y proposer un modèle qui constitue la première tentative théorique visant à résoudre la question de l'effet de la structure financière sur le coût du capital. Ce modèle repose sur l'hypothèse que les marchés sont parfaits, que les investisseurs ont des anticipations convergentes sur les bénéfices d'exploitation futurs des firmes, qu'il n'y a pas de coût de transaction ou de coût de faillite, qu'il n'y a pas d'impôts et que les bénéfices sont intégralement distribués. Il est admis en outre que les coûts des fonds propres k_s et des dettes k_d peuvent varier en fonction du levier D/S, avec $k_s > k_d$. Enfin, il est postulé que les entreprises et les investisseurs peuvent prêter et emprunter au même taux d'intérêt.

Dans ce contexte, Modigliani et Miller montrent que, si une variation de l'endettement venait réduire (ou augmenter) le coût du capital de l'entreprise, il en résulterait des possibilités de gains d'arbitrage pour les investisseurs dont la mise en œuvre aurait pour effet de ramener le coût du capital à son niveau initial.

Modigliani et Miller aboutissent à la conclusion que :

1) la valeur globale des actifs d'une entreprise est indépendante de la structure de financement de celle-ci ;

2) le coût des fonds propres d'une firme endettée augmente proportionnellement au levier de telle sorte que le coût moyen du capital reste constant. Au-delà d'un certain seuil, si le coût des dettes venait à augmenter, l'équilibre serait rétabli par la diminution à due concurrence du coût des fonds propres.

Les firmes qui présentent un même risque économique ont donc un coût du capital k_0 qui est indépendant des valeurs prises par le levier financier D/S.

Il n'est pas question de présenter ici les développements mathématiques de la démonstration, mais le lecteur peut la ressentir intuitivement en imaginant qu'un même individu est à la fois l'unique actionnaire et l'unique prêteur de l'entreprise. Quoi qu'il arrive, cet individu percevra seul la totalité des revenus de la firme. Le fait qu'il apporte un peu plus ou un peu moins sous forme de prêt ou de capital ne change rien ni à ses attentes ni au revenu qu'il recevra. Le coût de financement qu'il impose à l'entreprise est nécessairement indépendant de la modalité sous laquelle il apporte les fonds et partage les revenus.

Représentation graphique de l'approche de Modigliani et Miller

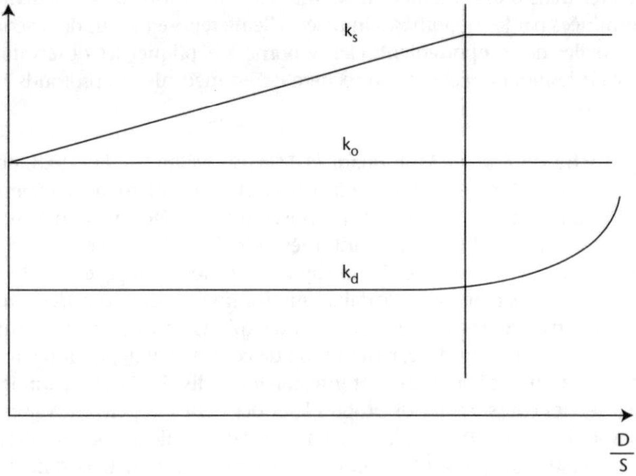

L'analyse de Modigliani et Miller repose sur l'évidence que le résultat économique d'une entreprise (BAICF) est fonction des actifs engagés dans l'activité et en aucun cas de la manière dont ils sont financés. La valeur de ces actifs étant uniquement fonction du BAICF, elle est elle-même indépendante du levier. Quelle que soit la façon dont on répartit le BAICF entre les apporteurs de capitaux, cela ne fait pas varier son montant. En théorie, la valeur de marché d'un actif est fonction de ce qu'il rapporte et non de la manière dont ce qu'il rapporte est distribué.

De la théorie à la réalité

Les analyses précédentes ne sont pas dénuées d'intérêt en ce sens qu'elles situent les enjeux du choix mais elles restent peu opératoires pour aider un responsable financier à arrêter sa décision. L'analyse de Modigliani et Miller en particulier ne véhicule pas de recommandation très précise ! C'est en adaptant leur problématique au monde réel que l'on peut trouver des solutions plus concrètes.

Les imperfections de l'économie réelle. — Le modèle de Modigliani et Miller, qui n'explique en rien la réalité mais dont la logique scientifique est parfaitement incontournable, est de nature à laisser perplexe plus d'un observateur. Les seules critiques qui peuvent lui être faites sont relatives à ses hypothèses, en particulier à l'hypothèse de perfection des marchés. Par exemple, il a été prétendu que les investisseurs sont paresseux et préfèrent acheter des titres de firmes endettées plutôt que de chercher eux-mêmes à faire de petits arbitrages. Il a également été avancé que les investisseurs sont relativement insensibles au risque financier tant que celui-ci n'atteint pas un certain niveau.

Étant donné que l'hypothèse de perfection des marchés est absolument nécessaire à la réalisation de l'équilibre de Modigliani et Miller, toute imperfection avérée est susceptible d'en remettre en cause la validité. Cependant, les imperfections provoquent généralement un décalage par rapport au point d'équilibre théorique mais ne le font pas disparaître. Pour justifier un point d'équilibre totalement différent, il faudrait prouver l'existence d'imperfections suffisamment graves et permanentes donc autres que celles qui viennent d'être évoquées...

Le coût relatif des emprunts. — La démonstration de Modigliani et Miller repose sur l'idée qu'il est équivalent pour un investisseur d'acheter des actions d'une firme endettée ou de s'endetter lui-même directement pour acheter des actions d'une firme non endettée. En fait, l'équivalence n'est prouvée que si 1) les particuliers peuvent emprunter au même taux d'intérêt que les entreprises et si 2) ils n'encourent pas plus de risques à le faire.

Aucune de ces deux conditions n'est réunie dans la réalité. D'une part, l'emprunt est généralement moins coûteux pour une entreprise qui travaille sur de gros montants, ce qui limite les frais de gestion et permet d'obtenir de meilleures conditions de la part des banques. D'autre part, lorsqu'une entreprise emprunte, la responsabilité des associés est limitée à leurs apports, tandis que lorsque ceux-ci s'endettent directement, leur responsabilité est illimitée. Cela peut justifier que les entreprises s'endettent jusqu'à un certain seuil.

La fiscalité. — La fiscalité a un effet différencié sur le coût des dettes et des fonds propres. De nombreux auteurs, dont Modigliani et Miller eux-mêmes, ont cru pouvoir affirmer que la fiscalité donnait un réel avantage au financement par dette. Mais leur raisonnement reposait sur la prise en compte de la seule fiscalité des entreprises en négligeant la fiscalité des particuliers. À partir de l'exemple déjà présenté dans le paragraphe sur l'effet de levier, on peut observer que la fiscalité, prise dans son intégralité, n'a pas un effet aussi tranché (voir encadré).

L'autonomie des intervenants. — L'analyse de Modigliani et Miller repose sur la fiction que les bailleurs de fonds d'une entreprise peuvent se résumer à une seule et même personne, à la fois associé et prêteur,

L'endettement et la fiscalité

	Firme endettée	Firme non endettée	Δ
Bénéfice avant impôt et charges financières	150	150	
Intérêts à verser (perçu par les prêteurs)	48	0	
Bénéfice avant impôt	102	150	
Impôt sur le bénéfice	– 34	– 50	
Bénéfice net (intégralement distribué)	68	100	
Total des sommes versées aux prêteurs	48	0	+ 48
Total des sommes versées aux associés	68	100	– 32
Gain brut des apporteurs	116	100	+ 16

Pour un même montant de capitaux investis (1 000) et pour un même BAICF (150), la fiscalité permet à une firme endettée de distribuer à ses apporteurs de capitaux un revenu (116) supérieur à celui qui est versé par la firme non endettée (100). La différence (16) s'analyse comme la « subvention » implicitement versée par l'État qui renonce à l'impôt sur les charges financières déductibles (16 = 48 × 1/3).

	Firme endettée	Firme non endettée	Δ
Gain brut des apporteurs	116	100	+ 16
Impôt sur le dividende des associés *(Dividendes x 60 % x taux marginal de 40 %)*	– 16	– 24	+ 8
Impôt sur l'intérêt des prêteurs *(Intérêts x taux marginal de 40 %)*	– 19	0	– 19
Gain net des apporteurs	81	76	+ 5
Gain brut des apporteurs	116	100	+ 16
Impôt sur le dividende des associés *(Dividendes × 50 % × taux marginal de 60 %)*	– 20	– 30	+ 10
Impôt sur l'intérêt des prêteurs *(Intérêts × taux marginal de 60 %)*	– 29	0	– 29
Gain net des apporteurs	67	70	– 3

Si l'on prend ensuite en compte la fiscalité personnelle et l'économie fiscale implicitement « reversée » par le même État aux associés de l'entreprise à travers par exemple un abattement sur les dividendes, la situation se rééquilibre en partie et peut même se retourner ; tout dépend du niveau de l'abattement et du taux marginal d'imposition de l'investisseur.

qui choisit simplement de faire ses apports sous une forme ou une autre en fonction des circonstances. La réalité est très différente, puisque les rôles y sont généralement séparés, certains agents économiques ayant vocation à devenir associés, d'autres faisant métier de prêteurs. Un investisseur

« unique » peut sans vergogne transférer des espérances de gains et/ou des risques de sa « moitié-associé » à sa « moitié-prêteur » et *vice versa*, sa situation « globale » ne change pas. Ces transferts sont impossibles lorsque les associés et les prêteurs forment deux ensembles indépendants.

De la réalité à la pratique

En pratique, pour juger d'une structure financière, il y a deux erreurs à ne pas commettre :

— *la première erreur, c'est de croire qu'une bonne structure pour les uns est aussi une bonne structure pour les autres ;*

— *la seconde erreur, c'est de croire qu'une bonne structure pour les unes est aussi une bonne structure pour les autres.*

Une fois que l'on a compris et admis ces différences, on peut se pencher sur les caractéristiques de ce qui peut être considéré une structure financière acceptable.

Les apporteurs de capitaux. — *La première erreur est de croire que ce qui est une bonne structure financière pour les associés est aussi une bonne structure pour les prêteurs. Or ces deux entités n'ont ni les mêmes objectifs ni les mêmes façons de raisonner.*

Du point de vue des associés, l'augmentation de l'endettement implique une augmentation de l'espérance de rentabilité financière mais aussi du risque financier, c'est-à-dire du risque de voir de modestes pertes d'exploitation se transformer en colossales pertes nettes qu'ils seront dans l'impossibilité d'assumer. Ils ont intérêt à laisser l'entreprise s'endetter tant que le risque supplémentaire que cela leur impose reste supportable et à stopper le processus au-delà. Il est clair que le seuil critique dépend d'un côté du niveau de risque économique de l'activité et, de l'autre, de la nature et de la personnalité des associés ; il ne peut pas être défini *a priori*.

Du point de vue des prêteurs, dont c'est fondamentalement la raison d'être, l'endettement d'une entreprise est une chose à la fois normale et même souhaitable. Mais l'augmentation de l'endettement d'une firme se traduit par l'apparition d'un risque de non-remboursement que ces agents ne souhaitent absolument pas supporter. Comme les associés, ils ont intérêt à laisser l'entreprise s'endetter tant que le risque que cela leur impose reste supportable et à stopper le processus au-delà. En revanche, pour eux, le seuil critique dépend uniquement du niveau de risque économique de l'activité et il peut presque toujours être prévisible *a priori*.

Il en ressort que les deux catégories de bailleurs de fonds ont, pour des raisons diverses, une volonté commune de ne pas laisser l'entreprise dépasser un certain seuil d'endettement. Mais ce seuil peut être différent pour les uns et pour les autres, le point d'orgue étant le niveau de risque économique de la firme.

L'orthodoxie financière vue par les banques d'intermédiation

(Exemples de seuil maximum habituellement accepté pour le ratio :

$$\frac{\text{Dettes financières nettes}}{\text{Ressources financières nettes}}$$

)

Sociétés immobilières : de 80 % à 95 %.
Concessions automobiles : de 70 % à 80 %.
Industrie du verre : de 40 % à 50 %.
Laboratoire pharmaceutique : de 20 % à 30 %.
Start-up Internet : de 0 % à 5 %.
Recherche (prospection pétrolière) : 0 %.

Le risque économique. — *La seconde erreur est de croire que ce qui est une bonne structure financière pour une entreprise d'un niveau de risque économique donné est également une bonne structure pour une entreprise d'un niveau de risque différent.*

Pour les associés, c'est évident : plus le risque économique (mesuré par exemple par la variance du BAICF) est élevé et plus le risque financier (mesuré par exemple par la variance du résultat net) induit par l'endettement est fort. Si les associés se fixent un niveau de volatilité du résultat net à ne pas dépasser, il est clair que le niveau d'endettement à ne pas dépasser sera lui-même d'autant plus faible que la volatilité du résultat économique est déjà élevée.

Pour les prêteurs, le raisonnement est de même nature quoique légèrement décalé : plus le risque économique est élevé et plus le risque d'insolvabilité de l'entreprise l'est également. Puisque les banques ne veulent en aucun cas subir la moindre parcelle du risque économique de la firme, elles n'ont pas d'autre choix que de fixer un seuil d'endettement qui est d'autant plus faible que ce risque est élevé. C'est ce qui explique qu'elles imposent aux entreprises des normes d'« orthodoxie financière » qui limitent dans l'absolu leurs possibilités d'endettement en fonction de la nature de l'activité de l'entreprise. Quelques exemples de ces normes sont fournis en encadré.

En définitive, le choix d'une structure financière résulte d'un arbitrage entre l'espérance de rentabilité des fonds propres et le risque financier correspondant que cela implique pour les associés, en fonction du niveau de risque général économique subi par l'entreprise et compte tenu des maxima imposés de l'extérieur par les prêteurs pour des raisons de garantie. Le raisonnement ne peut jamais être global et relève nécessairement de l'étude au cas par cas.

La politique de dividende et la gestion du revenu des associés

Bien que l'usage ait consacré l'appellation « politique de dividende », nous préférons parler de « politique de distribution de revenus aux associés » qui sied mieux à cette problématique car le dividende n'est qu'une forme particulière de distribution. La distribution directe n'est d'ailleurs elle-même qu'un moyen, parmi d'autres auxquels l'entreprise doit tout autant prêter attention, pour permettre aux associés la perception de revenus. Dans le cadre de la politique financière, la « vraie » question est la suivante : quand, pourquoi et comment faire en sorte que les revenus de l'entreprise soient transférés aux associés ? C'est cela, la *gestion du revenu des associés*.

Les deux systèmes d'enrichissement de l'associé

Que l'on nous pardonne ce rappel mais la motivation des apporteurs de capitaux est essentiellement l'espoir de gains. Ceux des prêteurs et les modalités de leur versement ne posent pas de problème puisqu'ils sont définis à l'avance par contrat. Il n'en est pas de même pour les gains des associés qui ne peuvent leur être transférés « physiquement » qu'à travers un nombre restreint de procédés.

L'associé qui veut réaliser monétairement les gains que l'entreprise a accumulés pour son compte ne peut en pratique actionner que deux moyens :

1) vendre tout ou partie de ses titres à des tiers se substituant à lui et encaisser de ce fait sa mise initiale additionnée d'une plus ou moins-value éventuelle ;

2) attendre une décision de l'assemblée générale des associés autorisant la distribution d'un dividende ou d'une forme équivalente (remboursement de capital, remboursement de prime d'émission ou autres...).

NB : nous ne considérons pas le versement de salaires ou d'avantages en nature comme une rémunération des capitaux apportés puisqu'il s'agit de la rémunération du travail effectué par les dirigeants. Ce n'est qu'au-delà d'un certain seuil que le salaire devient un « sursalaire » qui peut alors être interprété comme une rémunération occulte des capitaux investis. Soulignons toutefois que cette pratique tend à disparaître, d'une part parce qu'elle est illégale, d'autre part (et surtout) parce qu'elle est plus coûteuse que le versement de dividendes en raison du poids très élevé des charges sociales pesant sur les salaires.

Il ne saurait être question d'opposer les deux systèmes de rémunération. L'entreprise a toujours intérêt à prendre soin de ses associés en leur offrant un éventail d'opportunités le plus large possible. À défaut, elle risquerait de les voir prendre des mesures de rétorsion ou s'éloigner d'elle (en vendant les titres, en refusant de participer aux augmentations de capital ou en censurant le conseil d'administration...). Plus l'associé est inconnu et anonyme, comme dans le cas des sociétés cotées en bourse, et plus il doit faire l'objet d'attentions, d'informations et de signaux.

Créer un marché de revente

L'existence d'un marché organisé et actif des titres de capital de l'entreprise est un atout considérable pour ses associés et pour elle-même. Le système de rémunération par la vente de titres est avantageux pour tout le monde puisqu'il permet à l'associé de retrouver sa liquidité sans amputer celle de l'entreprise qui n'est pas concernée par le transfert des fonds. Le favoriser est un moyen apprécié de rendre service aux associés en leur facilitant la gestion de leur patrimoine.

Mais l'entreprise y gagne également sur d'autres plans. Car si les porteurs de capital d'une entreprise sont bien traités, les autres investisseurs sont attirés par le statut qui leur est ainsi offert. Il en résulte un afflux de demandes de titres. Ce qui a généralement pour conséquences la possibilité pour la firme de « lever » plus facilement des fonds propres et une diminution du coût de ceux-ci.

Or la liquidité est un facteur crucial de l'intérêt des investisseurs pour un titre car ils souhaitent toujours conserver une certaine mobilité dans leur portefeuille. C'est pour l'entreprise un acte de bonne gestion que d'assurer la liquidité de ses titres. Pour cela, elle doit d'abord créer un marché d'une manière ou d'une autre : introduction en bourse, pactes d'actionnaires, options de vente, etc. Puis elle doit animer ce marché : en l'alimentant en « papier », en assurant régulièrement son information, en y attirant de nouveaux investisseurs, etc.

Verser des dividendes

Dans le contexte qui vient d'être évoqué, à quoi bon vouloir, en plus, distribuer des revenus périodiques sous forme de dividendes ? En fait, la distribution régulière de dividendes ou de versements assimilés est tout aussi importante pour la firme que l'existence d'un marché de ses titres.

Il est au moins deux cas où c'est la seule possibilité d'enrichissement qui soit offerte aux associés :

1) quand la vente des parts est difficile ou impossible, soit parce que le marché est inexistant ou trop étroit, soit parce qu'il est momentanément déprimé ;

2) quand les associés souhaitent un revenu périodique sans être obligés de céder leurs participations ou de subir un effet de dilution.

Cette dernière motivation est essentielle et se justifie de multiples façons. Dans les PME, les associés sont généralement des personnes privées qui désirent conserver leur influence dans l'entreprise et qui répugnent à se séparer de leurs titres. Dans les entreprises plus grandes, les associés sont souvent des personnes morales qui préfèrent les dividendes aux plus-values potentielles car les premiers entrent dans leur résultat comptable alors que ce n'est pas le cas des secondes.

D'autres arguments militent en faveur du versement de dividendes : le versement de dividendes est une manière pour l'entreprise de se soumettre au jugement de ses actionnaires, surtout s'ils sont sollicités par la suite pour une augmentation de capital ; cette pratique donne une sorte de « signal » de bonne santé au marché, l'augmentation du dividende est souvent interprétée comme une augmentation de la capacité à en verser.

Dividendes/Cession d'actions : avantages et inconvénients

Conséquences pour :		Dividendes	Cession d'actions
L'entreprise	+	– Stabilité de l'actionnariat – Signal de bonne santé	– Pas de coûts – Pas de sortie de trésorerie
	–	– Réduction de l'autofinancement – Difficultés de trésorerie	– Nécessité d'organiser un marché – Risque d'instabilité de l'actionnariat
L'associé	+	– Perception de revenus réguliers – Possibilité de réorienter ses placements	– Possibilité de « faire fortune » – Choix du pourcentage de « sortie »
	–	– Coût fiscal immédiat – Obligation de réinvestir	– Perte de contrôle et dilution – Obligation de trouver une contrepartie

Le versement de dividendes permet à l'associé de décider de ses arbitrages de portefeuille au lieu de laisser l'entreprise le faire à sa place. Cette remarque prend tout son sens quand l'entreprise n'a plus d'opportunités d'investissement suffisamment rentables : dans ce cas, la conservation des liquidités dans la firme ne peut déboucher que sur des problèmes ou sur des perversions :

— si les fonds sont affectés à des investissements somptuaires ou simplement non rentables, l'associé s'en trouve appauvri ;

— si les fonds sont affectés à des opérations de diversification, l'entreprise se substitue à ses actionnaires sans qu'il soit prouvé que cela est préférable pour eux puisqu'ils peuvent très bien diversifier eux-mêmes leurs placements ;

— si les fonds sont placés en produits financiers, l'entreprise se transforme peu à peu en banque et s'éloigne *de facto* de son rôle économique et du mandat qui lui a été confié.

Il est clair que les deux systèmes d'enrichissement doivent coexister dans une entreprise bien gérée soucieuse de ses actionnaires. Leurs principales implications sont récapitulées dans le tableau ci-dessous.

Combien distribuer ?

Le versement des dividendes a-t-il un effet positif ou négatif sur la richesse des associés ? Jusqu'ici, aucune démonstration probante de cet éventuel effet n'a pu être produite et il semblerait que les actionnaires ne raisonnent pas en ces termes. Modigliani et Miller eux-mêmes ont montré que dans un monde sans fiscalité ni coûts de transaction il était équivalent pour un actionnaire de percevoir des dividendes ou des plus-values. Des modèles plus sophistiqués, fondés sur des hypothèses moins restrictives, ont certes pu aboutir à la conclusion qu'il existerait, sous certaines conditions, un niveau optimum de dividendes mais ils n'ont jamais pu être validés empiriquement.

L'observation des pratiques des entreprises fournit quelques éléments de réponse plus précieux. La plupart de celles-ci, en particulier celles qui sont cotées en bourse, adoptent la méthode dite du *dividende stabilisé* qui consiste à verser d'une année sur l'autre un dividende à peu près constant, ou en légère augmentation, quel que soit le niveau du résultat comptable. Rarissimes sont les entreprises qui choisissent de verser un dividende égal à une proportion constante du résultat, peut-être tout simplement pour éviter que les oscillations de celui-ci ne se transmettent à celui-là. Par ailleurs, seules les firmes en difficulté semblent se résoudre à diminuer leur dividende.

Puisque le *lissage* du dividende est la pratique la plus courante, il est sans doute intéressant d'en comprendre les raisons. De toute évidence, le principal intérêt d'une telle façon de procéder est de réduire l'incertitude dans laquelle pourrait se trouver l'actionnaire si les dividendes subissaient de fortes variations. En lui versant bon an mal an un dividende stable, on s'acquitte de l'« ardente obligation » de distribuer que nous avons évoquée plus haut et on lui permet de procéder en toute sérénité à ses propres arbitrages.

Tout cela ne nous indique pas à quel niveau il faut fixer ce « dividende tendanciel ». Cette question trouve déjà une réponse dans des considérations purement financières : la distribution ampute mécaniquement l'autofinancement réinvesti dans l'entreprise. Cette contraction des ressources internes impose une certaine parcimonie qui doit être plus ou moins forte selon les circonstances. Les firmes en période de croissance sont souvent moins généreuses que les firmes mûres. Les firmes qui subissent peu de variations conjoncturelles sont plus enclines à distribuer que celles qui en connaissent de plus importantes. Les conditions économiques, conjoncturelles et structurelles, sont de ce point de vue un moteur de la politique de distribution.

Nous ne disposons pas de guide théorique vraiment précis pour savoir combien il faut distribuer. Les incidences fiscales, juridiques et financières d'un côté, les relations de pouvoirs entre dirigeants et associés, de l'autre, semblent être des déterminants beaucoup plus fondamentaux de la politique de distribution que les considérations purement techniques. Tout porte à croire que chaque entreprise raisonne en fonction de ses propres contraintes et de son propre environnement. *La bonne politique de distribution est celle qui permet à l'entreprise de sauvegarder ses équilibres financiers tout en assurant la satisfaction de ses associés.* La recette ne s'en trouve pas dans les manuels de gestion, mais elle fait partie des choses qu'un dirigeant avisé se doit de savoir mettre en œuvre avec succès.

V / La politique d'investissement

La politique d'investissement consiste à déterminer les projets dans lesquels l'entreprise est bien fondée à engager ses ressources financières. Elle a un rôle d'optimisation : faire en sorte que les fonds utilisés soient les plus productifs possibles et rapportent des revenus satisfaisants. Elle a un rôle d'équilibrage : trouver des ressources nouvelles qualitativement et quantitativement adaptées aux projets envisagés de façon à éviter que ceux-ci ne détériorent la structure financière globale. Elle a un rôle d'arbitrage : choisir parmi les différentes opportunités qui se présentent celles qui seront préférées pour constituer le portefeuille d'activités de la firme.

La décision d'investir

Un investissement est une opération par essence complexe que l'on peut envisager sous différents aspects. *D'un point de vue financier, un investissement est un engagement actuel de ressources en vue de dégager des revenus futurs*. Bien entendu, il est souhaitable que la contre-valeur des revenus futurs obtenus soit au moins égale et de préférence supérieure à celle de l'engagement initial. Mais l'étude d'une telle opération ne se limite pas à cette évidence.

Pourquoi investir ?

Chaque investissement est une opération spécifique qui présente ses propres particularités. Il serait vain de rechercher une description générale qui s'adapterait mal à chaque cas particulier. En revanche, nous pouvons passer en revue les principales possibilités en établissant une typologie des investissements en fonction de leur objet, du plus simple à analyser au plus compliqué :

— les investissements de *renouvellement* servent à maintenir la capacité existante en remplaçant simplement les outils usagés ou obsolètes ;

Quelques exemples illustrant la diversité des investissements

Renouvellement : le remplacement d'une machine usagée par une machine neuve.
Extension : la construction d'une nouvelle chaîne de fabrication pour un produit existant.
Productivité : la réorganisation d'une usine et le reconditionnement d'une unité de production.
Innovation : le lancement d'un nouveau produit.
Stratégique : le développement d'un concept ou d'une technologie nouvelle.
Somptuaire : le déménagement du siège social de l'entreprise vers un quartier plus luxueux.

— les investissements d'*extension* ont pour but de mettre en place une capacité de production supplémentaire ;
— les investissements de *productivité* visent à améliorer l'efficacité des équipements déjà en place ;
— les investissements d'*innovation* correspondent à la mise en œuvre d'activités nouvelles ;
— les investissements *stratégiques* permettent à l'entreprise d'acquérir des positions ou des compétences jugées prioritaires par les dirigeants ;
— les investissements *somptuaires* sont destinés à « faire plaisir » aux clients de l'entreprise ou à son personnel. En général, ces derniers ne sont pas recommandés par les manuels de gestion mais ils peuvent avoir une influence bénéfique inestimable sur le moral des employés et des clients.

Une décision stratégique

Une décision d'investissement est généralement risquée, elle porte sur des valeurs élevées et elle engage l'ensemble de l'entreprise pour une durée assez longue. À ce titre, elle mérite le qualificatif de « décision stratégique » ; cela signifie que :

1) la décision d'engager un investissement relève des niveaux supérieurs de la hiérarchie ;

2) la décision doit être analysée à la lumière du référentiel stratégique de l'entreprise (compatibilité avec les objectifs généraux de la firme, concours à l'objectif de maximisation de la richesse de l'actionnaire, etc.) ;

3) le processus de décision est collectif et relativement long.

Ce processus comporte différentes phases plus ou moins liées entre elles par des interactions ou des rétroactions. On distingue :

— une phase stratégique : définition du problème, définition des objectifs particuliers, évaluation des réponses alternatives au regard des objectifs à atteindre ;
— une phase d'étude technique et commerciale : analyse de la faisabilité des alternatives ;
— une phase d'étude financière : traduction des données techniques et commerciales sous forme de données financières valorisées, mise des

projets alternatifs sous la forme d'un échéancier de flux de liquidité, application de critères de choix à ces échéanciers.

Le processus de décision d'investissement

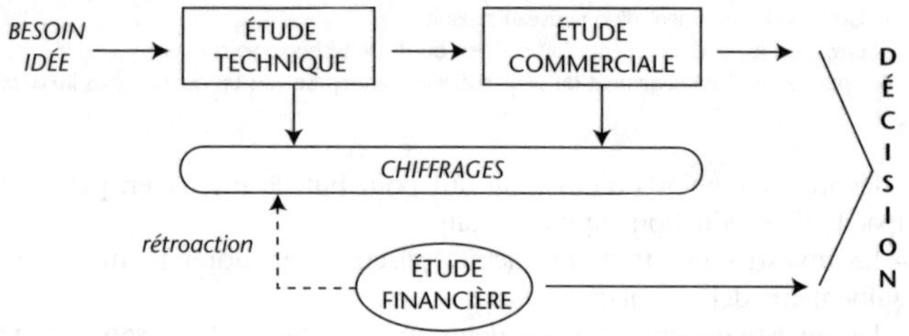

Dans l'ordre chronologique, la phase financière n'est pas la première du processus d'investissement, elle n'intervient qu'après un minimum d'études techniques et commerciales qui sont motrices : en général, ce n'est pas le responsable financier qui a l'idée d'un nouveau produit ou d'un nouveau marché ! Elle n'en reste pas moins une phase indispensable sans laquelle il manquerait à la décision une légitimité financière dont on voit mal une entreprise se passer : un bon produit n'est pas forcément rentable, un gros chiffre d'affaires n'implique pas forcément de gros bénéfices…

Cette étude financière, nous allons le voir, s'appuie sur des modèles relativement précis et rationnels. Mais il ne sert à rien d'appliquer une procédure rationnelle à des informations fausses. Or l'essentiel des chiffrages est fait au niveau technique et commercial. Par conséquent, s'il veut éviter d'avoir à manipuler des chiffres sur lesquels il n'a pas de prise, il est impératif que le responsable financier collabore avec les responsables de ces secteurs pendant toute la procédure pour s'assurer de la qualité et de la cohérence des données et des prévisions qu'il sera amené à utiliser à son tour.

Une étude financière à double détente

L'étude financière d'un projet d'investissement comporte deux volets :

— un volet « étude de rentabilité » (optimisation) destiné à vérifier que le projet contribue à l'augmentation de la richesse de l'entreprise et non à son appauvrissement ;

— un volet « étude de financement » (équilibrage) destiné à vérifier qu'il est possible d'affecter des ressources au projet sans remettre en cause l'équilibre financier de l'entreprise.

Il faut veiller à ne pas confondre ces deux études qui ne sont ni forcément compatibles quant aux prescriptions retirées ni parfaitement homogènes quant aux données et aux concepts utilisés :

— l'étude de la *rentabilité* d'un projet s'effectue par référence à un outil d'analyse qui porte le nom de *valeur actuelle nette* (VAN) et qui s'applique aux seuls flux de trésorerie économiques du projet ;

— l'*équilibre financier* d'un projet est apprécié à travers le *niveau de la trésorerie-actif* qui résulte de la mise en concordance à la fois des flux économiques et des flux de financement affectés au projet.

Le schéma ci-dessous précise la logique de cohérence des deux analyses.

Les deux volets de l'étude financière des investissements

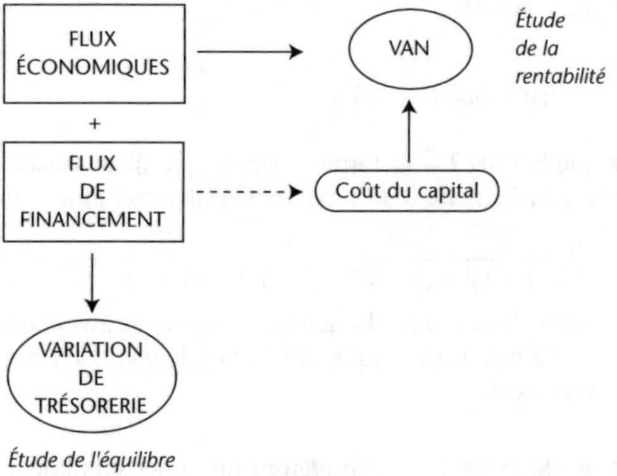

Les deux volets de l'étude financière nécessitent la construction d'un *business plan*. La partie « économique » du business plan est utilisée pour estimer la VAN tandis que pour étudier les mouvements de la trésorerie-actif il faut prendre également en considération sa partie « financement ». Un business plan peut comporter différents documents mais son cœur est incontestablement le document qui récapitule les *cash flows* du projet.

Il faut dire que les concepts comptables, notamment celui de résultat, destinés à une analyse périodique, ne conviennent pas bien pour mener une étude à caractère financier de l'ensemble d'une opération multipériodique. Le suivi des flux de trésorerie est une approche infiniment plus précise et saine pour étudier le comportement d'un processus qui s'étale dans le temps. Cela tient au fait que les *cash flows* ne subissent pas de manipulations comptables, qu'ils prennent en compte la valeur du temps et qu'ils sont toujours définis dans une opération ayant un début et une fin identifiable.

Le modèle de la « valeur actuelle nette » (VAN)

Un des aspects essentiels de la politique d'investissement consiste à s'assurer que les projets envisagés sont *rentables*. Cela implique de disposer d'une définition universelle de la rentabilité et d'un instrument fiable de mesure de celle-ci. Mais la rentabilité est-elle un concept universel ? Sans hésiter, nous répondons par l'affirmative. Si la « performance » peut prendre un sens différent d'une organisation à une autre, dans tous les cas *la « rentabilité » (financière) d'une entreprise est sa capacité à générer plus de richesses qu'elle n'en consomme*. Un projet d'investissement est rentable si et seulement si, une fois achevé, il laisse à la firme un *surplus* monétaire après qu'elle a fait face à toutes ses obligations financières. Mesurer ce surplus est le rôle dévolu à la VAN.

Définition et interprétation de la VAN

Qu'est-ce que la VAN ? — La formule générale, toujours valable, du calcul de la valeur actuelle nette d'un projet d'investissement est la suivante :

$$VAN = \sum_{t=0}^{n} \frac{CF_t}{(1+k)^1} = \frac{CF_0}{(1+k)^0} + \frac{CF_1}{(1+k)^1} + \frac{CF_2}{(1+k)^2} + \ldots + \frac{CF_n}{(1+k)^n}$$

où CF_t représente la valeur algébrique (positive ou négative) du flux économique net de l'année t (t variant entre 0 et n), k le taux d'actualisation et n la durée du calcul.

Signification de la VAN. — Considérons un projet simplifié qui consiste à dépenser 100 euros aujourd'hui (date t = 0) et à recevoir, tous frais déduits, 115 euros un an après (date t = 1). Ce projet est-il rentable ? Difficile à dire sans autres précisions sur le niveau de risque inhérent au projet et sur les attentes des investisseurs qui accepteront de le financer. Il faut plus d'informations pour répondre à la question.

Supposons maintenant que les 100 euros nécessaires au lancement de l'opération peuvent être mis à la disposition de l'entreprise par des bailleurs de fonds en échange d'une rémunération moyenne de 10 % l'an. Les flux de trésorerie de ce projet peuvent alors être présentés de la manière suivante :

Dates	*0*	*1*
Flux économiques	– 100	+ 115
Flux de financement	+ 100	– 110
Flux de trésorerie nets	0	+ 5

Une fois l'opération achevée, à la date t = 1, elle laisse à l'entreprise un « *cash flow* net » (CFN) en surplus de 5 euros qui permet de la qualifier sans hésitation de « rentable ».

Pour des raisons pratiques, par exemple pour faire des comparaisons avec d'autres projets, il est intéressant d'obtenir une estimation en valeur actuelle à la date d'aujourd'hui de ce « 5 euros dans un an ». Pour ce faire, il faut procéder à l'actualisation du *cash flow* net futur. Pour procéder à cette actualisation, il paraît logique d'utiliser le taux de 10 % correspondant au coût des fonds engagés dans le projet. On obtient : $V_0 = \frac{CFN_1}{(1 + k)^1} = \frac{5}{(1,10)^1} = 4,545$. Ainsi, on peut dire que ce projet dégage un « gain financier net immédiat » de 4,545 euros.

Nous pouvons maintenant vérifier que ce gain net immédiat correspond très exactement à la valeur actuelle nette du projet calculée à partir de ses seuls « *cash flows* économiques » (CFE) en utilisant le même taux d'actualisation, soit : $V_0 = VAN = CFE_0 + \frac{CFE_1}{(1 + k)^1} = - 100 + \frac{115}{(1,10)^1} = 4,545$.

L'usage de la VAN présente un double avantage : d'une part, elle permet de mesurer la rentabilité économique d'un projet sans considération de la nature des ressources de financement qui lui sont affectées puisque le *coût* du financement est totalement pris en compte à travers le taux d'actualisation ; d'autre part, elle est généralisable à des projets plus complexes qui s'étalent sur plusieurs années.

La VAN est le critère naturel idéal pour analyser la rentabilité d'un projet d'investissement qui se caractérise par des flux décalés dans le temps. Elle permet d'obtenir un chiffre unique qui résume à lui seul tout le projet et dont la valeur correspond très précisément à la valeur actuelle immédiate du surplus monétaire qui en est attendu. Et les mots sont importants : la VAN n'est pas un « profit », c'est un « surprofit » car elle est *nette de tout*. On peut même dire qu'elle est « trois fois nette » :

— nette de l'investissement initial (puisque les *cash flows* négatifs en sont déduits) ;

— nette de l'ensemble des coûts d'exploitation (inclus dans les flux économiques) ;

— nette des coûts de financement (pris en compte dans le taux d'actualisation).

La modélisation sous forme d'échéancier. — La formule de la VAN est valable pour des flux apparaissant à équidistance temporelle les uns des autres, c'est-à-dire à des intervalles de temps réguliers, généralement d'une année. Or les flux d'un projet d'investissement apparaissent de manière continue dans le temps. Pour bien faire, il faudrait pratiquer l'actualisation en temps continu ou appliquer l'actualisation sur des périodes non entières. Cela conduirait à d'insolubles problèmes de prévision des dates de perception ou de versement des flux et à une complexité mathématique considérable.

Pour éviter ces complications, on se ramène à un problème simple en agrégeant les données sous la forme d'un échéancier dans lequel chaque flux particulier est aggloméré avec les flux qui lui sont proches dans le temps pour former un « bloc » daté. Les « blocs » ainsi constitués sont habituellement espacés d'année en année et doivent correspondre de préférence à des dates et non à des périodes. Par convention, on définit la date t = 0 comme la date à laquelle la décision doit être prise et les dates t = 1 à n comme les dates de clôtures comptables ultérieures.

Échéancier des *cash flows* d'un projet d'investissement

Cash flows = $CF_t = R_t - D_t$

	0	1	2	3	—	n
Recettes :	R_0	R_1	R_2	R_3		R_n
Dépenses :	D_0	D_1	D_2	D_3		D_n

Le premier travail du financier qui reçoit des données relatives à un projet d'investissement est de les mettre sous la forme de cet échéancier « en temps discret ». Ce genre de travail est relativement naturel pour des comptables qui ont l'habitude de raisonner sur des exercices dans lesquels toutes les opérations d'une période sont agrégées pour déterminer un résultat unique. Il l'est moins pour des gestionnaires chez qui « le temps c'est de l'argent », même si ce « temps » ne représente qu'une fraction d'année. C'est pourtant au prix de cette approximation qu'il est possible de procéder simplement au calcul d'une VAN. Pour peu que l'on utilise le découpage comptable pour faire les prévisions de flux, il est possible de se prêter à cet exercice sans trop de difficultés. Mais il faut bien se rendre compte de la simplification inévitable qui est ainsi introduite dans l'analyse et la garder à l'esprit dans l'interprétation des résultats.

Les flux de trésorerie d'un projet

Dans le calcul d'une VAN, *les flux de trésorerie liés à un projet d'investissement sont définis comme étant les* flux économiques *que ce projet induit.* Ils se décomposent principalement en deux ensembles : les *flux d'investissement* qui ont pour objet de constituer et de maintenir l'actif économique engagé dans l'opération et les *flux d'autofinancement* qui résultent de la réalisation de l'activité. Il convient en outre d'y ajouter une *valeur résiduelle en fin de projet* qui dépend à la fois de la durée d'analyse et des hypothèses retenues.

NB : il est de plus en plus fréquent de rencontrer l'appellation *free cash flows* (FCF) pour désigner ces flux de trésorerie économiques ; cette terminologie n'apporte rien de plus qu'une apparence « internationale ».

Les flux d'investissement. — Ce sont les flux de liquidité, généralement négatifs (dépenses), qu'il est nécessaire d'investir dans le projet pour que celui-ci existe et perdure. Dans la plupart des cas, ces dépenses sont engagées à l'origine du projet (date t = 0), ce qui les fait souvent résumer par l'expression « investissement initial » (noté I_0). Il convient toutefois d'être prudent sur ce raccourci car il arrive fréquemment que des flux de cette nature interviennent tout au long de la vie du projet, c'est-à-dire soient échelonnés dans le temps.

Pour l'essentiel, ce sont :

— les *acquisitions d'immobilisation* de toutes sortes constituant la capacité de production définie par le projet : immobilisations corporelles (terrains, bâtiments, machines, etc.), immobilisations incorporelles (frais de recherche, achats de brevets, etc.), immobilisations financières (dépôts et cautionnements, etc.) ;

— les *frais initiaux* de toute nature occasionnés par la mise en place du projet (formation du personnel, frais de publicité, etc.) ;

(*NB* : la distinction entre ces deux lignes est purement formelle puisqu'elle copie la distinction comptable entre charges et immobilisations ; d'un point de vue financier, elle n'est pas pertinente : dans les deux cas, il s'agit de dépenses, seul le traitement fiscal diffère.)

— la *variation* des fonds immobilisés dans le *besoin en fonds de roulement*. En pratique, on retient le BFR moyen en retenant l'hypothèse implicite de la « trésorerie zéro » ;

— les *coûts d'opportunités et autres effets induits*, qui représentent l'ensemble des fonds que l'entreprise aurait pu récupérer ou éviter de dépenser si elle n'avait pas engagé le projet ; ou, à l'inverse, les recettes permises ou occasionnées par le projet dont elle n'aurait pu disposer si le projet n'avait pas été engagé. Cela comprend par exemple (s'ils ne sont pas pris en compte dans les flux d'autofinancement) : les coûts éventuels de réorganisation, la valeur des actifs déjà possédés par l'entreprise qui sont affectés au projet, la valeur des actifs que le projet rend inutiles et qui peuvent être vendus, la valeur d'une solution alternative, la valeur des effets de synergie, etc.

Les flux d'autofinancement. — Ce sont les flux nets de liquidité, généralement positifs (recettes), que le projet procure au cours de sa vie utile. Ces flux sont échelonnés dans le temps (par tradition de la date t = 1 à la date t = n marquant la fin de la période d'analyse). Il s'agit du solde net des dépenses et des recettes d'exploitation ou, éventuellement, du solde net des pertes de recettes et des économies de dépenses engendrées par le projet. En résumé, il s'agit des *ressources d'autofinancement* annuelles après impôt générées par le projet.

Pour l'essentiel, les flux d'autofinancement sont constitués par

— au niveau des recettes : le chiffre d'affaires induit par une nouvelle activité ; les produits annexes offerts par cette activité ; les économies permises par le projet (celles-ci pouvant constituer la totalité des recettes) ; les économies fiscales induites par le projet ;

— au niveau des dépenses : les charges décaissées générées par l'activité (charges de personnel, charges fiscales et sociales, approvisionnements, frais annexes, achats de services, etc.) ; les pertes de recettes induites par le projet (celles-ci pouvant constituer la totalité des dépenses) ; l'impôt sur le bénéfice qui en découle.

La « valeur résiduelle » en fin de projet. — En théorie, il faudrait effectuer les calculs de la VAN sur une *durée infinie* afin de prendre en considération l'intégralité des flux futurs générés par un projet. Pour des raisons pratiques évidentes, il est d'usage de raisonner sur une période plus limitée ou « durée d'analyse », s'étalant de t = 0 à t = n. La question qui se pose est alors celle du *comment* faut-il prendre en considération les flux postérieurs à la date t = n ? Il est bien sûr inacceptable de négliger ces *cash flows* ultérieurs qui peuvent être d'un montant très élevé ou, pire, être négatifs. Il n'y a en outre aucune raison de faire dépendre le montant de la VAN d'un choix discrétionnaire relatif à la durée du calcul. Il est donc impératif de prendre en compte ces flux ultérieurs au moyen d'une « valeur de prolongation » généralement appelée *valeur résiduelle* (VR) qui vient s'ajouter, à la date t = n, aux flux économiques de cette date. Précisons que la valeur résiduelle est constituée de flux qui sont prévisibles dès le début du projet et qu'il ne faut pas confondre avec les flux des projets de « désinvestissement ».

La définition de la valeur résiduelle est fonction à la fois des « événements » qui caractérisent la durée d'analyse et de la situation qui en résulte à la date t = n. Plusieurs cas sont possibles mais les plus courants sont au nombre de trois.

1er cas. Cessation d'activité à la date n : la solution la plus simple consiste à retenir une durée d'analyse égale à la durée de vie utile du projet, c'est-à-dire la période au cours de laquelle il produira ses effets et procurera des flux de revenus à l'entreprise, puis de considérer que l'activité sera liquidée ensuite. Dans ce cas, la valeur résiduelle se limite aux flux de liquidité qui sont provoqués par l'arrêt de l'exploitation, soit :

— la récupération des fonds qui ont été investis dans le BFR spécifique au projet et dont la raison d'être disparaît avec lui ;

— les *valeurs de cession des actifs* utilisés par le projet (valeurs de marché résiduelles nettes de frais et de taxes) ;

— les *frais divers* qui peuvent être éventuellement induits par la fin du projet, tels que par exemple : les frais de remise en état des lieux, les frais de licenciement, les indemnités diverses à verser à des tiers...

2e cas. Poursuite d'activité avec rupture de rythme à la date t = n : si l'on choisit une durée d'analyse plus courte que la durée économique du projet, par exemple une durée égale à l'horizon de prévision ou à la longueur du plan de l'entreprise, la date n ne correspond pas à un arrêt définitif de l'exploitation et la question des flux postérieurs se pose. En théorie, la valeur résiduelle doit être égale à la valeur actuelle de la somme de ces flux ultérieurs. Mais, en pratique, à quoi bon « arrêter » les calculs à la date t = n s'il faut ensuite les poursuivre pour estimer la valeur résiduelle à cette même date ? C'est la raison pour laquelle on retient généralement la fiction d'un changement de rythme à la date t = n, du type passage d'une croissance forte à une croissance faible ou nulle. Dans ce cas, la valeur résiduelle est généralement calculée par une formule de valeur actuelle d'une rente perpétuelle, soit par exemple : $VR_n = \frac{CFE_n}{k}$ ou $\frac{RE_n}{k}$.

3e cas. Revente de l'activité à la date t = n : si l'on dispose d'un moyen simple de déterminer la valeur de revente de l'activité, on peut définir une durée d'analyse correspondant à une période de développement, à une période de portage ou à une période de simple détention. C'est par exemple possible quand le projet est borné par un contrat qui définit une valeur terminale (concession à durée limitée, droit d'exploitation avec pénalité d'abandon, etc.) ou lorsque le projet correspond à un type d'entreprises dont on peut facilement déterminer la valeur de marché (fonds de commerce de détail, société à introduire en bourse, etc.). Dans ce cas, la valeur résiduelle est tout simplement déterminée à partir de la valeur de revente à la date t = n.

Autres principes de détermination des flux. — L'estimation des flux doit se faire en respectant un principe général selon lequel *il faut appréhender un projet d'investissement comme s'il s'agissait d'une entreprise autonome*. Cela signifie, entre autres, qu'il faut répertorier les masses de capitaux mises en jeu par le projet en raisonnant non pas « avant » contre « après », mais « avec » contre « sans ». Cela a les conséquences suivantes :

— il faut traiter les flux sur une *base différentielle* (flux marginaux). Cela signifie qu'il importe de ne retenir que les flux exclusivement liés au projet à l'exception des autres. Par exemple, il convient de ne pas prendre en compte des frais fixes qui ne seraient pas directement causés par le projet même si la comptabilité analytique doit les imputer en partie à l'activité en cause par la suite. Cela concerne également les frais généraux qui ne doivent être pris en compte dans les flux du projet que s'il en provoque l'accroissement, et pour la partie additionnelle seulement ;

— il ne faut considérer que les *flux futurs* uniquement et ignorer les coûts passés irrécupérables par essence. Une décision d'investissement se prend à une date donnée et ne doit tenir compte que des dépenses et des recettes prévues pour l'avenir ou, au mieux, le présent immédiat. Si des frais ont déjà été engagés avant la date à laquelle la décision doit être prise, ils n'ont pas à être pris en considération puisqu'ils sont, de toutes les façons, irrémédiablement perdus. Cela vaut en particulier pour deux types de coûts passés : les frais d'étude et de dossier et les résidus d'une décision antérieure.

— il faut prendre en compte les *incidences fiscales* à tous les niveaux. La VAN d'un projet est en général très sensible aux variables fiscales en raison de l'importance de celles-ci, en particulier dans notre pays. Il faut veiller à inclure la totalité des flux (négatifs) qu'elles génèrent dans l'analyse. En particulier, il faut tenir compte explicitement des taxes directement inscrites en charges, déductibles ou non, et de l'impôt sur les bénéfices ;

— il faut raisonner en *euros courants* pour tenir compte des variations de prix futures prévisibles. Il faut éviter de travailler en « euros constants » car cela suppose une évolution uniforme des prix en fonction d'un taux d'inflation global, uniformité qui a très peu de chances de se réaliser en pratique et qui conduit à des erreurs au niveau des estimations fiscales.

Le taux d'actualisation et le coût du capital

Le taux d'actualisation permettant le calcul d'une VAN doit être le coût des fonds utilisés pour financer le projet d'investissement. C'est la condition nécessaire et suffisante pour qu'une VAN positive corresponde à un projet rentable, puisque c'est la démonstration qu'il rapporte plus qu'il ne coûte. Mais quels sont les fonds qui doivent être pris en considération ?

Deux approches sont possibles : ou bien on retient l'idée que les sources de financement sont affectées à des projets précis et, dans ce cas, le coût de financement d'un projet donné sera le coût moyen de ses ressources particulières ; ou bien on retient l'idée que les sources de financement utilisées par une entreprise à une date donnée ne sont pas affectées à des projets précis et, dans ce cas, le coût de financement d'un projet sera le coût moyen de l'ensemble des ressources de financement de l'entreprise.

Si l'on adoptait la pratique d'un taux spécifique différent pour chaque projet, cela conduirait à des incohérences du type de celle qui ferait obtenir pour un projet une VAN positive lorsqu'on lui affecte une ressource à faible coût (par exemple un emprunt) ou une VAN négative quand on lui attribue une ressource plus coûteuse (par exemple des fonds propres). Ceci n'est pas acceptable car il n'y a aucune raison valable pour affecter telle ou telle source à un projet et pas à un autre. Il n'existe pas de critères pertinents d'affectation des fonds entre les projets ; la rentabilité d'un projet n'est pas fonction de son financement. De plus, le coût d'une source de financement dépend de la quantité relative qui en est utilisée. Dès lors, isoler les modalités de financement d'une entreprise les unes des autres pour les saupoudrer sans logique sur ses différents projets est une grossière erreur.

Dans la mesure où les différents projets et activités de l'entreprise présentent un niveau de risque voisin, il convient d'utiliser un *taux d'actualisation unique* pour procéder à tous les calculs de valeur actuelle de leurs flux futurs. Et c'est le *coût moyen pondéré du capital* de l'ensemble de la firme qui peut, seul, remplir ce rôle.

Cette approche permet de séparer les décisions *de financement et les décisions d'investissement.* D'un côté, il y a dans l'entreprise des « gestionnaires du financement » dont le rôle est de réunir des ressources financières dont le coût moyen pondéré doit être le plus faible possible. De l'autre, il y a les « gestionnaires de l'investissement » dont le rôle est de faire fructifier ces ressources avec comme seule contrainte d'en tirer un revenu supérieur à leur coût moyen. En dehors du niveau de risque, les premiers n'ont pas à se préoccuper de l'usage qui est fait des fonds collectés, les seconds n'ont pas à se préoccuper de la provenance des fonds qu'ils emploient.

Il en résulte qu'il faut définir les flux de la VAN « comme si » le projet était intégralement financé par capitaux propres, avec notamment les conséquences suivantes :

— les flux de financement doivent être ignorés dans le calcul de la VAN ; qu'il s'agisse des flux de principal (prêts obtenus et remboursements), ou qu'il s'agisse des flux d'intérêt (charges financières et incidences fiscales). Bien entendu, cette remarque vaut également pour les augmentations de capital en numéraire (ou sous forme d'apports) et pour les dividendes ;

— les opérations de financement par crédit-bail doivent être retraitées. Ce qui signifie qu'une immobilisation que l'on prévoit d'acheter en crédit-bail doit être traitée dans l'analyse exactement comme si elle était acquise sur fonds propres. Elle apparaît dans les flux initiaux pour sa valeur d'achat et dans le calcul de l'IS à travers ses amortissements reconstitués. En revanche, l'emprunt implicite est quant à lui totalement ignoré dans la détermination des flux économiques et ne se retrouve que dans les flux de financement.

Il est cependant des cas où l'usage du coût moyen pondéré du capital comme taux d'actualisation se révèle inadapté ou insuffisant pour évaluer valablement la VAN d'un projet. C'est par exemple le cas quand le risque du projet d'investissement est très différent du risque normal de l'entreprise, quand les flux de trésorerie du projet sont très volatils, quand le financement du projet vient modifier significativement la structure du capital de la firme, quand le décideur souhaite disposer d'une mesure spécifique du risque du projet en plus d'une mesure de sa valeur actuelle, quand la succession des flux du projet fait appel à la combinatoire, etc.

Dans de telles situations, il existe des procédures plus ou moins sophistiquées qui permettent d'adapter le calcul de la VAN. Nous pouvons en citer deux qui paraissent à la fois justifiées au plan scientifique et d'une facilité d'emploi suffisante.

Le taux d'actualisation ajusté. — Il consiste à substituer au coût du capital un taux d'actualisation qui prend en compte le risque spécifique du projet. Il existe diverses méthodes pour l'évaluer, comme par exemple : déterminer le coût marginal des capitaux spécifiquement affectés au projet, utiliser le taux de rendement connu d'activités ayant un risque comparable, avoir recours à des modèles théoriques qui permettent d'obtenir le taux de rendement exigé d'un investissement en fonction d'une mesure de son risque (tels que le MEDAFE déjà cité).

La méthode des équivalents certains. — Elle consiste à « convertir » les flux de trésorerie futurs *risqués* en flux futurs *équivalent-certains* grâce à l'utilisation de coefficients de risque, dits « coefficients d'équivalence de certitude », puis à actualiser les flux « équivalent-certains » ainsi obtenus à l'aide du taux d'intérêt sans risque.

Il existe d'autres procédures de prise en compte du risque que nous ne détaillerons pas, par exemple : la théorie des jeux, qui fournit plus une règle de choix qu'une véritable méthode d'évaluation ; l'affectation de probabilités aux flux de revenus, qui permet d'obtenir à la fois une espérance de VAN et un écart type, mais qui pose d'insolubles problèmes pratiques, en particulier celui de la définition des probabilités ; le calcul du délai de récupération du capital investi, etc.

En attendant la définition d'outils de mesure du risque plus opératoires, les entreprises raisonnent en utilisant la *méthode des scénarios* qui consiste à faire plusieurs calculs de VAN en fonction de différents ensembles d'hypothèses plus ou moins favorables ; en faisant des *simulations* avec des niveaux différents de paramètres ; et en faisant des *analyses de sensibilité* de la VAN à la modification de certaines variables. Ces pratiques empiriques donnent d'excellents résultats en ce sens qu'elles éclairent correctement et suffisamment les enjeux réels de chaque décision, et tout porte à croire qu'elles ont encore de beaux jours devant elles.

La construction du « business plan »

L'étude financière d'un projet d'investissement repose sur la construction d'un « business plan », terme aujourd'hui consacré pour éviter d'avoir à prononcer sa dénomination française : *plan d'investissement et de financement prévisionnel*. Il s'agit d'un document prévisionnel, ou plus exactement d'un ensemble de documents prévisionnels, qui est destiné à récapituler les conséquences monétaires d'un projet. Il comporte des éléments « qualitatifs » (hypothèses, sources, options techniques, etc.) que nous ne détaillerons pas ici. Il comporte bien sûr aussi une partie financière que nous allons présenter sur la base d'un exemple.

Données de l'exemple

Le business plan est établi à partir de données de base portant sur les nvestissements, les financements et les conditions d'exploitation. Elles peuvent être très détaillées mais, pour faciliter leur manipulation et l'analyse, il est souvent utile de les résumer sous une forme synthétique qui peut être celle qui a été retenue dans le tableau suivant :

Données de base

Dates	**0**	**1**	**2**	**3**	**4**	**5**	**Total**
Acquisitions d'immobilisations	– 500						– 500
Dotations aux amortissements		– 100	– 100	– 100	– 100	– 100	– 500
Stocks	19	22	26	23	30		
Créances d'exploitation	38	44	52	46	60		
Dettes d'exploitation	– 9	– 15	– 15	– 24	– 27		
BFR	48	51	63	45	63		
Variation de BFR	– 48	– 3	– 12	18	– 18	63	
Chiffre d'affaires		190	220	260	230	300	1 200
Coût des ventes (hors amort.)		– 30	– 50	– 50	– 80	– 90	– 300
Augmentation de capital	548						548

Ces données de base doivent ensuite être complétées par la fixation de certains paramètres essentiels :

k = taux d'actualisation : 10,00 %

r = taux d'intérêt sur placements de trésorerie : 4,00 %

† = taux d'IS : 33,33 %.

NB : dans cet exemple, par souci de simplification, le projet est intégralement financé par fonds propres. La prise en compte d'un financement partiel par emprunt ne modifierait pas fondamentalement l'étude, seuls les coûts de financement et les résultats nets seraient modifiés.

Les états financiers prévisionnels

À partir des données précédentes, il convient d'établir les trois documents fondamentaux qui constituent le noyau du business plan :

— les comptes de résultat prévisionnels ;
— les bilans prévisionnels ;
— les tableaux de financement prévisionnels.

Nous les présentons ci-après.

Comptes de résultat prévisionnels

Dates	0	1	2	3	4	5	Total
Chiffre d'affaires		190	220	260	230	300	1 200
Coût des ventes (hors amort.)		– 30	– 50	– 50	– 80	– 90	– 300
Ressource d'autofinancement (EBITDA)		160	170	210	150	210	900
Dotation aux amortissements		– 100	– 100	– 100	– 100	– 100	– 500
Résultat économique		60	70	110	50	110	400
IS/résultat économique		– 20	– 23	– 37	– 17	– 37	– 133
Résultat économique net (NOPAT)		40	47	73	33	73	**267**
Produits financiers/trésorerie			5	11	19	24	60
Charges financières/dettes							
Résultat financier			5	11	19	24	60
IS/résultat financier			– 2	– 4	– 6	– 8	– 20
Résultat financier net			4	7	13	16	**40**
Résultat net et comptable		**40**	**50**	**81**	**46**	**89**	**306**

Bilans prévisionnels

Dates	0	1	2	3	4	5	Total
Immobilisations d'exploitation (VO)	500	500	500	500	500	500	
Amortissement cumulé		– 100	– 200	– 300	– 400	– 500	
Immobilisations d'exploitation (VNC)	500	400	300	200	100		
Stocks	19	22	26	23	30		
Créances d'exploitation	38	44	52	46	60		
Dettes d'exploitation	– 9	– 15	– 15	– 24	– 27		
BFR d'exploitation	48	51	63	45	63		
Actif économique	548	451	363	245	163		
Trésorerie-actif		137	275	474	602	**854**	
Total emplois	548	588	638	719	765	854	
Capital	548	548	548	548	548	548	
Réserves			40	90	171	217	
Résultat		40	50	81	46	89	**306**
Capitaux propres	548	588	638	719	765	**854**	
Dettes financières							
Total ressources	548	588	638	719	765	854	

Flux de trésorerie prévisionnels

Dates	0	1	2	3	4	5	Total
Acquisitions d'immobilisations	– 500						– 500
Augmentation du BFR	– 48	– 3	– 12		– 18		– 81
Récupération du BFR				18		63	81
Flux d'investissement	– 548	– 3	– 12	18	– 18	63	– 500
Cumul	*– 548*	*– 551*	*– 563*	*– 545*	*– 563*	*– 500*	
Chiffre d'affaires		190	220	260	230	300	1 200
Coût des ventes		– 30	– 50	– 50	– 80	– 90	– 300
IS/résultat économique		– 20	– 23	– 37	– 17	– 37	– 133
Flux d'autofinancement		140	147	173	133	173	767
Cumul		*140*	*287*	*460*	*593*	*767*	
Flux économiques	– 548	137	135	191	115	236	**267**
Cumul	*– 548*	*– 411*	*– 276*	*– 85*	*30*	*267*	
Augmentation de capital	548						548
Flux de capitaux	548						548
Cumul	*548*	*548*	*548*	*548*	*548*	*548*	
Produits financiers/trésorerie			5	11	19	24	60
Charges financières/dettes							
IS/résultat financier			– 2	– 4	– 6	– 8	– 20
Résultat financier net			4	7	13	16	**40**
Flux de financement	548		4	7	13	16	588
Cumul	*548*	*548*	*552*	*559*	*572*	*588*	
Flux nets		**137**	**138**	**199**	**128**	**252**	**854**
Cumul = Trésorerie-actif		*137*	*275*	*474*	*602*	*854*	

L'observation des documents précédents permet de faire au moins trois remarques importantes.

Remarque n° 1. — *Le cumul des résultats économiques nets après IS est égal au cumul des flux économiques après IS (ici, 267).*

Cette égalité est une loi de portée générale qui se vérifie toujours. Elle est indépendante de la politique d'amortissement choisie, des considérations fiscales et des modalités de financement. Elle traduit la relation fondamentale entre la comptabilité générale et le sous-jacent des flux financiers réels. Elle a une conséquence inattendue : le résultat économique d'un exercice donné ne permet en rien de préjuger de la rentabilité globale d'une opération d'investissement ; il faut attendre la fin du projet pour en faire le cumul et en tirer des conclusions. Cette remarque devrait faire réfléchir ceux qui utilisent la valeur absolue du résultat comme un indicateur de performance globale.

Remarque n° 2. — *La somme des résultats nets comptables est égale à la somme des flux nets de trésorerie cumulés à la date 5 diminuée de l'investissement initial en fonds propres (ici, 306 = 854 – 548).*

Ce second résultat n'est valable qu'à la condition que les dettes éventuelles aient été intégralement remboursées et qu'il n'y ait pas eu de versement de dividendes, sinon il faut ajuster le calcul avec ces éléments.

Remarque n° 3. — *Les fonds propres deviennent égaux en fin d'activité au montant investi augmenté des gains réalisés (ici, 854 = 548 + 306). Leur niveau en fin d'opération redonne le montant des flux nets de trésorerie cumulé et l'on peut également vérifier qu'il correspond en l'espèce au niveau de la trésorerie cumulée qui figure dans le bilan comptable.*

Cette dernière remarque permet de se convaincre que le montant des fonds propres en fin d'opération est un bon indicateur des gains réalisés.

Le plan de financement et l'équilibre financier

La vérification de l'équilibre financier peut être effectuée directement et simplement à partir du tableau des flux prévisionnels précédent : il suffit de s'assurer que le montant cumulé des flux nets, c'est-à-dire la trésorerie-actif, ne devient jamais négatif sur la période (ce qui est le cas dans l'exemple). Une telle vérification est possible à partir du document « Flux de trésorerie prévisionnels » que nous avons présenté parce que ce document est également un *plan de financement.*

Un plan de financement est un document prévisionnel multipériodique qui recense les besoins financiers liés au développement de l'entreprise et les ressources qui leur sont affectées. Il mesure, année par année, l'impact sur la trésorerie et explique l'évolution cumulée de celle-ci. On peut l'établir à deux niveaux d'analyse en fonction du but recherché : au niveau d'une opération donnée, pour vérifier son correct financement et/ou sa contribution à l'évolution de la trésorerie de la firme ; ou au niveau global de toute l'entreprise, pour mesurer la permanence de son équilibre financier dans le cadre de la poursuite de ses activités actuelles.

Dans sa forme « traditionnelle », un plan de financement énumère successivement, en les chiffrant, les besoins de financement liés à l'opération (les emplois) puis les ressources de financement que l'on envisage de mettre en face. Une ligne résume l'effet annuel sur la trésorerie et une autre ligne son effet cumulé. Un modèle schématique de ce type de document est présenté dans un premier encadré.

L'interprétation d'un plan de financement peut se résumer à faire l'une ou l'autre des deux observations suivantes :

— ou bien le niveau de la trésorerie cumulée s'avère positif ou nul et le projet est correctement financé, voire contribue au financement du reste de l'entreprise ;

Logique du plan de financement « traditionnel »

+ Achat d'immobilisations
+ Augmentation de BFR
+ Dividendes
+ Remboursement d'emprunts
= **Emplois de fonds**

+ Capacité d'autofinancement
+ Prix de cession des actifs vendus
+ Nouveaux emprunts
+ Nouveaux capitaux propres
= **Ressources de financement**

=> **Impact sur la trésorerie**

=> ***Niveau de la trésorerie cumulée***

— ou bien il se révèle provisoirement ou durablement négatif et le projet est « demandeur » de ressources en plus grande quantité que ce qui lui est déjà attribué. Dans ce dernier cas, il faut poursuivre la recherche de ressources jusqu'à ce que l'on puisse se ramener au cas précédent. Si cela se révèle impossible, le projet n'est pas viable et il doit être abandonné.

Dans le plan de financement « traditionnel », les trois catégories de flux (investissement, autofinancement et financement) sont réparties en fonction de leur signe algébrique : les emplois avec les emplois, les ressources avec les ressources. Un tel classement n'est pas cohérent avec l'activité financière d'une entreprise. Par ailleurs, si l'étude d'équilibre n'a pas les mêmes objectifs que l'étude de rentabilité, elle réutilise partiellement les mêmes données : celles qui ont trait aux flux économiques du projet.

Il est beaucoup plus judicieux de s'appuyer sur cette communauté de variables pour fonder l'étude d'équilibre sur un simple complément plutôt que sur une refonte totale. Il est beaucoup plus utile de présenter le plan de financement comme nous l'avons fait dans l'exemple, en respectant la logique qui est présentée dans le second encadré.

L'intérêt de cette présentation « intégrée » se mesure à plusieurs niveaux :

— les flux économiques sont repris directement et sans modification de l'étude de rentabilité, ce sont les mêmes que ceux qui servent au calcul de la VAN. L'étude d'équilibre peut s'enchaîner directement sur l'étude de rentabilité sans qu'il soit utile de changer de logique ;

— les flux économiques apparaissent clairement dans le plan de financement et ne sont pas dispersés dans différentes sections. La contribution réelle du projet au financement de l'entreprise est ainsi lisible année par année ;

— les flux de financement sont identifiés en tant que tels et ventilés par catégories. Cela permet de faire des simulations avec une beaucoup plus

Logique du plan de financement « intégré »

– Achat d'immobilisations
+ Prix de cession des actifs vendus
– Augmentation de BFR
+ Ressource d'autofinancement
= ***Flux économiques du projet***

+ Nouveaux emprunts
– Remboursement d'emprunts
– Charges financières nettes d'IS
= *Flux de financement par emprunt*

+ Nouveaux capitaux propres
– Dividendes
= *Flux de financement par fonds propres*

+ Montant financé par crédit-bail
– Loyers de crédit-bail nets d'IS
– Perte d'économie d'IS sur amortissement
= *Flux de financement par crédit-bail*

= ***Flux de financement du projet***

=> **Impact sur la trésorerie**

=> ***Niveau de la trésorerie cumulée***

grande rapidité et en isolant l'effet exact de chaque modification de ressource envisagée.

Toute l'interprétation d'un plan de financement traditionnel y est disponible mais il fournit, en plus, un grand nombre d'informations qui n'y figurent pas.

Les critères de rentabilité d'un investissement

Un critère de rentabilité est un indicateur dont le montant permet de conclure si un projet d'investissement est rentable et éventuellement d'effectuer un classement entre projets alternatifs. Il n'est pas question de présenter en détail tous les critères disponibles en pratique, il y en a autant que d'experts. Dans les pages qui suivent, nous souhaitons simplement montrer que si les critères financiers de base sont toujours d'actualité, ils peuvent être améliorés par des critères financiers « spécifiques » qui permettent de retrouver la cohérence avec les taux de rendement comptables.

Les critères financiers de base

Les critères financiers de base sont la VAN déjà présentée et son corollaire : le « taux de rendement interne » (TRI). Le taux de rendement interne du projet (TIR) est le taux actuariel k pour lequel la VAN est égale à 0. Si nous reprenons l'exemple déjà présenté, le calcul de la VAN au taux de 10 % et du TRI figurent dans le tableau ci-dessous. Avec une VAN positive de 57 et un TRI de 13,72 % supérieur au coût du capital égal à 10 %, le projet apparaît rentable.

Critères financiers de base

Dates		0	1	2	3	4	5	Total
Flux économiques		*– 548*	*137*	*135*	*191*	*115*	*236*	*267*
Taux d'actualisation	*10,00 %*							
Facteur d'actualisation en t0		1,000	0,909	0,826	0,751	0,683	0,621	
Flux économiques actualisés		– 548	125	111	144	79	147	57
Cumul		*– 548*	– 423	– 312	– 168	– 90	57	
Valeur actuelle nette (VAN)		**57**						
Taux de rendement interne (TRI)		**13,72 %**						

Le TRI est un indicateur apprécié des professionnels parce qu'il résume la rentabilité d'un projet par un taux unique facile à comprendre. Son utilisation comporte cependant des risques théoriques et pratiques qu'il faut toujours garder à l'esprit :

— il ne fournit pas le gain en valeur absolue et il vaut toujours mieux gagner 12 % de 1 000 euros que 15 % de 10 euros ;

— pour des raisons de pure arithmétique, un projet peut ne pas avoir de TRI ou en avoir plusieurs ;

— le TRI n'a pas de signe algébrique et, comme tout taux actuariel, il peut correspondre à une mesure de gain aussi bien qu'à une mesure de coût, ce qui peut être très gênant en présence de *cash flows* négatifs postérieurs à la date t = 0.

Les critères financiers spécifiques

En dehors des problèmes inhérents au TRI qui viennent d'être cités, les critères financiers de base ont en commun une hypothèse implicite de réinvestissement des *cash flows* intermédiaires (ceux de la date t = 1 à t = n – 1), qui peut être plus ou moins grave :

— dans le calcul d'une VAN, il est implicitement supposé que les *cash flows* intermédiaires sont systématiquement replacés jusqu'à la date t = n à un taux de placement égal au taux d'actualisation ;

— dans le calcul d'un TRI, il est implicitement supposé que les *cash flows* intermédiaires sont systématiquement replacés jusqu'à la date t = n à un taux de placement égal au TRI lui-même.

À partir du moment où le taux d'actualisation est défini comme étant le coût du capital, l'hypothèse implicite concernant la VAN n'est pas très gênante dans la plupart des cas. En revanche, si le TRI est très éloigné du coût du capital, l'hypothèse implicite concernant le TRI est tout simplement inacceptable. Pour pallier ces difficultés, il est possible de prendre en compte de manière explicite un taux de replacement r des flux intermédiaires. Cela conduit à définir trois concepts spécifiques nouveaux qui sont définis et calculés ci-après.

Critères financiers spécifiques

Dates	**0**	**1**	**2**	**3**	**4**	**5**	**Total**
Flux économiques	*– 548*	*137*	*135*	*191*	*115*	*236*	*267*
Taux d'actualisation 10,00 %							
Taux d'intérêt sur placements 4,00 % (avant IS)							
Taux d'IS 33,33 %							
Flux économiques/années 1 à 5	*137*	*135*	*191*	*115*	*236*	*815*	
Facteur de capitalisation en t5		1,111	1,082	1,054	1,027	1,000	
Flux éco./années 1 à 5 capitalisés en t5		152	146	202	118	236	854
Valeur future brute (VFB)	854						
Flux d'investissement initial (Io)	– 548						
Indice de TIR cumulé (VFB/Io)	1,559						
Taux de rendement interne global (TRI-G)	9,29 %						
Facteur d'actualisation	0,621						
VFB actualisée	530						
Valeur actuelle nette globale (VAN-G)	– 18						

La valeur future brute (VFB). — C'est la somme des seuls flux économiques intermédiaires du projet capitalisés à la date 5 au taux de réinvestissement explicite r. Sa formule générale est :

$$VFB_n = CF_1.(1 + r)^{n-1} + CF_2.(1 + r)^{n-2} + \dots + CF_{n-1}.(1 + r)^1 + CF_n.$$

Soit dans l'exemple (avec r = 4 %. (1 – 1/3) = 2,667 %) :

$$VFB_5 = 137.1{,}027^4 + 135.1{,}027^3 + 191.1{,}027^2 + 115.1{,}027^1 + 236 = 854.$$

On ne manquera pas de remarquer que *la VFB est égale au montant cumulé de la trésorerie à la date t = n.* Cette observation est d'ordre général à la condition que les dettes éventuelles aient été intégralement remboursées et qu'il n'y ait pas eu de versement de dividendes, sinon il faut ajuster la VFB avec ces éléments pour retrouver la trésorerie accumulée.

La VFB d'un projet et les indicateurs qui en sont dérivés (VAN globale ou TRI global) n'ont véritablement de signification que si la trésorerie cumulée reste toujours positive, à la seule exception du flux d'investissement initial.

La valeur actuelle nette globale (VAN-G). — C'est la somme algébrique de la valeur actuelle de la VFB et du *cash flow* initial CF_0. Sa formule générale est :

$$\text{VAN-G} = CF_0 + \frac{VFB_n}{(1 + k)^n}.$$

Soit dans l'exemple :

$$\text{VAN-G} = -548 + \frac{854}{(1{,}10)^5} = -18.$$

En développant la formule de la VFB, cela donne :

$$\text{VAN-G} = CF_0 + \frac{CF_1\,(1 + r)^{n-1} + CF_2\,(1 + r)^{n-2} + \ldots + CF_{n-1}\,(1 + r)^1 + CF_n}{(1 + k)^n}.$$

De toute évidence, la VAN globale est égale à la VAN simple quand le taux de réinvestissement r est identique au taux d'actualisation k. Si ces deux taux sont différents, les VAN le sont aussi. C'est le cas dans notre exemple où la VAN globale apparaît négative et donne donc des inquiétudes sérieuses sur l'intérêt du projet dans le contexte indiqué.

Le taux de rendement interne global (TRI-G). — C'est le taux k pour lequel la VAN globale telle que calculée dans la formule précédente est égale à 0. Après calcul, nous le noterons μ pour bien le différencier.

Dans l'exemple, le TRI global est de 9,29 % puisque ce taux est solution de l'équation $-548 + \frac{854}{(1 + \mu)^5} = 0$. Ce taux de 9,2 % étant inférieur au coût du capital, le projet apparaît insuffisamment rentable.

Le TRI global peut être égal au TRI simple si et seulement si le taux de réinvestissement des liquidités est lui-même égal au TRI simple, ce qui est rarissime en pratique. Le TRI global est donc un bien meilleur indicateur que le TRI simple du taux de rendement réel d'un projet. *En pratique, il est recommandé d'utiliser un TRI global avec un taux de réinvestissement des* cash flows *intermédiaires égal au coût du capital.*

Les taux de rendement comptables

Les ratios de rentabilité qui ont été exposés au chapitre III peuvent-ils servir de critères de décision en matière d'investissement ? Certains dirigeants prétendent que c'est possible et n'hésitent pas à les rebaptiser pour cela. Un ratio de rentabilité générique devient un « ROI », un ratio de rentabilité économique devient un « ROA », un « ROIC » ou un « ROCE » tandis qu'un ratio de rentabilité des fonds propres devient un « ROE ». Cette profusion de sigles au fort relent de snobisme anglophone ne fait pas pour autant de ces ratios une panacée dans le cas d'espèce.

À la différence des taux de rendement financiers qui s'interprètent toujours de la même manière, les taux de rendement comptables d'un exercice donné ne peuvent être interprétés qu'au cas par cas en analysant par le détail l'activité au cours de cet exercice. L'interprétation d'un taux de rendement comptable est fortement dépendante de la confiance que l'on place dans les procédures et les concepts de la comptabilité. Ces ratios ont leur propre logique de signification et ils peuvent difficilement servir à juger *ex post* de l'atteinte d'objectifs mesurés *ex ante* par des indicateurs financiers comme la VAN ou le TRI.

Mais le principal problème lié à l'utilisation des taux de rendement comptables pour un projet d'investissement, c'est qu'on en calcule un par exercice et qu'il est difficile de juger de l'ensemble d'un projet à partir d'une série de n taux qui peuvent être très hétéroclites. La tentation est grande d'essayer de les synthétiser en un seul chiffre tel qu'une moyenne mais il faut alors veiller à la façon de calculer cette moyenne et à sa relation avec les taux de rendement financiers.

Commençons par en calculer les valeurs pour l'exemple déjà présenté et tirons-en quelques enseignements.

Les ratios de rentabilité économique. — Pour un projet d'investissement, le calcul des ratios de rentabilité économique doit être adapté de façon à tenir compte du décalage d'un an entre la mise de fonds et le revenu correspondant. Cela conduit à utiliser la formule suivante pour estimer le ratio de rentabilité économique de l'année t :

$$ROA_t = \frac{\text{Résultat économique à la date t}}{\text{Actif économique à la date t} - 1}.$$

Taux de rentabilité économiques (ROA)

Dates	0	1	2	3	4	5	Total
Résultat économique net (NOPAT)		40	47	73	33	73	*267*
Actif économique	548	451	363	245	163		*1 770*
Résultat éco. N/Actif éco. N – 1		7,3 %	10,3 %	20,2 %	13,6 %	45,0 %	*15,1 %*
Indice RE/AE		1,073	1,103	1,202	1,136	1,450	
Ratio RE/AE composé		1,073	1,184	1,423	1,617	2,344	2,344
Taux de rendement moyen annuel (ROAM)	**18,58 %**						

Si l'on souhaite en calculer la moyenne sur la période, il ne faut surtout pas utiliser la moyenne arithmétique simple, totalement dépourvue de signification, il est préférable de calculer le taux de rendement moyen (ROAm) qui résulte de la composition financière des taux annuels, soit :

$$(1 + ROAm)^n = (1 + ROA_1).(1 + ROA_2).(1 + ROA_3)\dots (1 + ROA_{n-1}).(1 + ROA_n).$$

Dans l'exemple, les calculs effectués dans le tableau ci-contre font apparaître un taux de rentabilité économique moyen de 18,58 % qui apparaît très éloigné du TRI ou du TRI global. C'est malheureusement le cas général : *il n'existe pas de relation évidente entre le taux de rendement économique moyen comptable d'un projet et les taux de rendement financiers de ce projet.*

Les ratios de rentabilité des fonds propres. — Comme pour les ratios de rentabilité économique, le calcul des ratios de rentabilité des fonds propres doit être adapté de façon à tenir compte du décalage d'un an entre la mise de fonds et le revenu correspondant, soit :

$$ROE_t = \frac{\text{Résultat net à la date t}}{\text{Fonds propres à la date t} - 1}.$$

Et de la même façon, pour le calcul d'une moyenne sur la période, il convient de calculer le taux de rendement moyen (ROEm) qui résulte de la composition financière des taux annuels.

Taux de rentabilité économiques (ROE)

Dates	**0**	**1**	**2**	**3**	**4**	**5**	**Total**
Résultat net comptable		40	50	81	46	89	*306*
Capitaux propres	548	588	638	719	765		*3 258*
Résultat net N/Fonds propres N – 1		7,3 %	8,6 %	12,6 %	6,4 %	11,7 %	9,4 %
Indice RN/FP		1,073	1,086	1,126	1,064	1,117	
Ratio RN/FP composé		1,073	1,165	1,312	1,396	1,559	1,559
Taux de rendement moyen annuel (ROEM)	**9,29 %**						

Dans l'exemple, les calculs effectués dans le tableau ci-dessus font apparaître un taux de rentabilité des fonds propres moyen de 9,29 %.

Le taux de rendement comptable moyen des fonds propres apparaît égal au taux de rendement interne global du projet. Et cette relation est générale dès lors que le projet est intégralement financé par fonds propres. En revanche, en présence de dettes, il faut tenir compte de l'effet de levier pour retrouver la relation.

Il existe donc bien une relation entre les ratios comptables de rentabilité et les taux de rendement économiques. Aucune condition n'est requise pour faire cette agrégation dès lors que l'on raisonne sur le TRI global du projet et non plus sur le TRI simple. La formule générale est la suivante :

$$(1 + \mu)^n = (1 + ROE_1).\ (1 + ROE_2)\dots\ (1 + ROE_{n-1}).\ (1 + ROE_n)$$

où μ est le taux de rendement interne global du projet (TRI global), et ROE_t le taux de rendement comptable des fonds propres de la période t.

Il s'agit là d'une formule de la première importance puisqu'elle met en relation un taux de rendement financier sur une période pluriannuelle avec les taux de rendement comptables annuels successivement observés au cours de cette période. *La comptabilité fournit donc une information qui est valide au plan financier*. Malheureusement, selon la politique d'amortissement des immobilisations qui est appliquée par l'entreprise, on peut vérifier qu'il existe une infinité de combinaisons des taux de rendement comptables qui vérifient l'égalité précédente.

Les notions présentées ont fait l'objet de prolongements et de critiques que nous ne présenterons pas dans le cadre de cet ouvrage. Il faut cependant préciser que les critiques sont mineures en regard de l'apport méthodologique fondamental que représente la VAN. Quant aux approfondissements, ils présentent le plus souvent un caractère très ésotérique et n'améliorent pas considérablement la qualité de l'analyse. En revanche, on peut signaler que des recherches sont en cours visant à mettre en évidence d'autres relations entre les taux de rendement comptables et les taux de rendement financiers, et que leurs observations sont de nature à induire une modification des comportements en matière d'interprétation des résultats comptables.

Conclusion

In fine, ce qui provoque la faillite d'une entreprise et sa disparition, c'est l'impossibilité dans laquelle elle se trouve un jour de faire face à ses engagements financiers, phénomène qui se caractérise par ce que l'on nomme la « cessation de paiement ». Celle-ci intervient quand la firme n'a plus suffisamment de ressources pour faire face à ses besoins et qu'elle ne parvient plus à en trouver. Mais on n'en arrive pas à une telle extrémité de façon mécanique par une sorte de fatalité. Dans la plupart des cas, la faillite est l'aboutissement d'un processus qui trouve sa source dans l'inadéquation entre les aspects stratégiques et les enjeux financiers. Une façon de réconcilier les deux domaines et d'éviter les échecs consiste à promouvoir la « gestion par la valeur ».

Le stratégique et le financier

Aujourd'hui encore, les problèmes financiers et leurs conséquences ne se voient pas toujours prêter l'attention qu'ils méritent dans les procédures de gestion. Le plus souvent, la raison en est une simple méconnaissance d'un domaine dont la forte cohérence interne et le caractère rigoureux peuvent rebuter. Or, s'il est vrai que l'instrumentation des concepts financiers restera durablement un travail de spécialiste, la connaissance et la compréhension de ces concepts sont accessibles à tous les décideurs et doivent être utilisées par eux. Il faut lutter contre la pratique répandue qui consiste à traduire les contraintes financières sous la forme de normes atemporelles et intangibles. La matière financière n'est pas une simple technique de représentation de la réalité, elle est une matière vivante qui a la capacité d'agir sur la réalité elle-même.

Il ne fait plus aucun doute pour personne que la stratégie d'une entreprise ne peut être ni établie ni mise en œuvre sans s'appuyer sur une gestion financière pertinente tant au niveau du diagnostic de l'existant qu'au niveau des projections futures. La gestion financière fournit au processus de décision stratégique le cadre de référence majeur auquel il est impératif de se conformer. L'acte stratégique par excellence qu'est la « hiérarchisation des objectifs » ne peut que s'appuyer sur l'évidence que les objectifs sont déjà très largement hiérarchisés par les contraintes financières. Il faut surtout éviter de confondre les objectifs intermédiaires avec les objectifs supérieurs.

On peut présenter de nombreuses illustrations de ce propos. Par exemple, certains dirigeants affirment que l'entreprise a réalisé ses objectifs financiers dès lors qu'elle obtient des résultats positifs. Mais faire du résultat n'est pas être rentable, encore faut-il que ce résultat soit supérieur au coût du capital qui l'a généré. Autre exemple : l'idée que le niveau de croissance future de l'entreprise peut relever d'un choix stratégique discrétionnaire. Il n'en est rien, l'entreprise ne peut se lancer dans une quelconque politique de croissance que si elle espère en tirer une valeur positive, que si elle peut trouver des capitaux pour la financer sans dégrader sa structure, que si c'est la meilleure solution parmi l'ensemble des possibles…

Exemple d'imbrication du stratégique et du financier

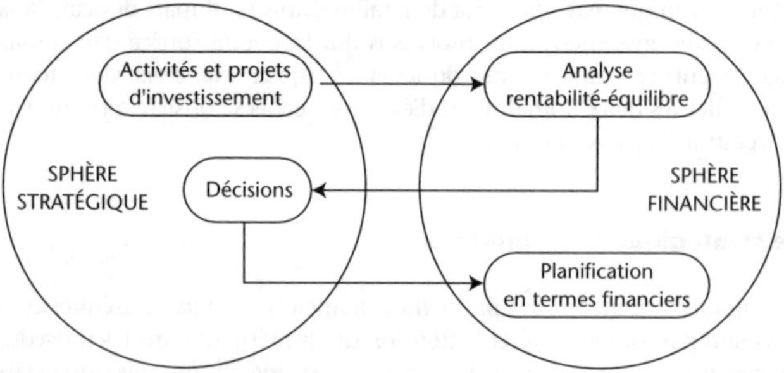

Il n'y a aucune évidence ni aucun présupposé en la matière. Il est par exemple choquant d'entendre dire que les dividendes doivent être les plus faibles possibles afin que l'entreprise puisse conserver l'autofinancement le plus grand possible. Rémunérer les actionnaires, ce n'est pas « perdre » de l'argent, c'est satisfaire l'un des buts premiers de l'entreprise qui est de faire gagner des revenus aux associés et c'est accessoirement aussi un moyen d'éviter d'éventuels gaspillages inhérents à des réinvestissements douteux. Il est par exemple tout autant inadmissible de croire que l'on peut impunément faire des pertes à court terme puisque l'on fera des gains à long terme. Une telle attitude serait suicidaire si elle ne prenait pas en compte la valeur temporelle de l'argent et les coûts liés à l'incertitude et au risque.

De fait, la gestion financière contrôle la plupart des objectifs stratégiques et les critères de mesure de leur degré de réalisation. Ne pas y consacrer l'attention nécessaire, c'est s'exposer à des désagréments nombreux et souvent fatals : sous-productivité, sous-rentabilité, gabegies et inefficiences diverses ; dégradation de la situation financière ; appauvrissement des actionnaires ; révocation de la direction et restructuration imposée, prise de contrôle hostile par des « raiders » disposés à réévaluer l'entreprise à leur profit ; impossibilité de trouver des capitaux propres puis, tôt ou tard, disparition de la capacité d'endettement ; renchérissement du coût du capital et accroissement de la vitesse de destruction de la valeur ; disparition de l'entreprise...

La gestion par la valeur

Comment éviter que ne se réalise le scénario « catastrophe » précédent ? La solution la plus simple et pour laquelle il se dégage un consensus de plus en plus évident est de mettre en place une forme de « gestion par la valeur ». De quoi s'agit-il ? *La gestion par la valeur consiste à prendre toutes les décisions stratégiques et financières en utilisant l'impact sur la valeur de l'entreprise comme critère de décision.* En d'autres termes, l'entreprise doit être gérée en cherchant autant que possible à maintenir ou à faire augmenter sa valeur.

De quelle valeur parle-t-on ? Quand peut-on affirmer qu'une décision augmente ou diminue la valeur d'une entreprise ? Pour les sociétés cotées en bourse, la réponse à ces questions est relativement simple : si, après neutralisation du mouvement général du marché, le cours boursier augmente à la suite de l'annonce d'une prise de position stratégique, il est clair que celle-ci est créatrice de valeur pour les actionnaires.

Encore faut-il connaître les mécanismes qui font varier les cours de bourse d'un titre. Sur ce point, nous disposons d'études dont les résultats convergent très largement : ce sont les perspectives de gains de la firme qui déterminent le mouvement de fond des cours. La bourse réagit en priorité aux profits financiers réels des entreprises qui reviendront un jour ou l'autre à leurs associés. On a ainsi pu déterminer quelles stratégies usuelles sont gagnantes ou perdantes en termes de valeur (voir tableau).

La gestion par la valeur permet une lecture totalement renouvelée de la plupart des principes de gestion financière et des analyses traditionnelles. Elle « démode » tous les objectifs commerciaux et financiers habituels, comme par exemple l'augmentation des parts de marché, la recherche de la croissance, voire la maximisation du résultat comptable... Ceux-ci ne peuvent, au mieux, que représenter des cibles intermédiaires, des moyens de parvenir au but essentiel qu'est la valorisation de l'entreprise. Dans ce contexte, une stratégie purement « industrielle » ne peut pas être une fin en soi, un investissement ne peut pas être qualifié de stratégique s'il est définitivement non rentable, une politique de rétention de la trésorerie n'est jamais pertinente, etc.

Exemples de décisions et stratégies qui	
augmentent la valeur	**réduisent la valeur**
– Recentrage sur le métier	– Diversifications conglomérales
– Restructurations	– Investissements somptuaires
– Transparence financière	– Mépris des actionnaires
– Désendettement	– Surendettement
– Orientation « flux de trésorerie »	– Orientation « résultat »
– Gains de productivité	– Croissance improductive
– Innovation	– Vieillissement des produits

La gestion par la valeur n'est ni une technique ni l'usage d'un indicateur ni le respect de critères passe-partout, c'est tout simplement un *état d'esprit*. C'est une manière de raisonner qui conduit à placer l'objectif de rentabilité des fonds investis au-dessus de tous les autres. C'est faire prévaloir systématiquement le point de vue de l'intérêt des associés dans les décisions de l'entreprise. Cela consiste à orienter toute la gestion vers l'accomplissement de la mission financière originelle de toute entreprise : produire de la valeur.

Face au caractère *implacable* de cette logique financière, il n'y a pas de place pour l'approximation. Créer de la valeur, du moins ne pas en détruire, est un objectif fondamental qui s'impose à tous les responsables d'entreprise. Il leur faut pour cela définir des méthodes d'évaluation qui débouchent sur des critères de mesure et mettre en place des procédures de décision clairement orientées vers ce but. Il y a longtemps que les marchés financiers utilisent, explicitement ou implicitement, les indicateurs de valeur et de rentabilité pour apprécier la performance des entreprises, il suffit de les imiter.

La contrainte de rentabilité est devenue si prédominante que l'on peut pratiquement la qualifier, avec une pointe d'ironie, de « dictature de l'actionnariat ». Cette formule à l'emporte-pièce traduit assez bien l'état d'esprit actuel de la communauté financière. Les capitaux disponibles sont abondants mais les opportunités de placement sont également nombreuses et variées. La mobilité des ressources est une règle du jeu permanente, les investisseurs privilégient systématiquement les placements dont l'espérance de gain est maximale pour un niveau de risque donné.

La gestion financière, c'est se procurer des capitaux à un coût le plus faible possible, c'est les investir parcimonieusement dans des activités qui dégagent des revenus économiques de manière efficiente, c'est s'assurer que ces revenus économiques sont supérieurs au coût des capitaux, c'est enfin vérifier que cela est vrai aujourd'hui et que cela le sera toujours demain. *La « gestion financière », c'est donc le pivot de la « gestion » au sens large.*

Abréviations et sigles utilisés

AE ou AE/E : Actif économique d'exploitation
AFR : Autofinancement réinvesti
AHE ou A/HE : Actifs hors exploitation
BAICF : Bénéfice avant impôt et charges financières
BAICFAP : Bénéfice avant impôt, charges financières, amortissements et provisions
BFI : Besoin de financement des immobilisations
BFR : Besoin en fonds de roulement
BFT : Besoin de financement total
BN : Bénéfice net
CA : Chiffre d'affaires
CAF : Capacité d'autofinancement
CE : Créances d'exploitation
CF : *Cash flow*
CFE : *Cash flow* économique
CFN : *Cash flow* net
CHE : Créances hors exploitation
CMPC : Coût moyen pondéré du capital
CPNE : Capitaux permanents nécessaires à l'exploitation
D/S ou DN/FP : Levier ou *gearing*
DA ou DAP : Dotations aux amortissements et aux provisions
DAFIC : Disponible après financement interne de la croissance
DC : Dettes financières courantes
DE : Dettes d'exploitation
DHE : Dettes hors exploitation
DN ou D : Dettes financières nettes
DP : Dettes financières permanentes
DRCI : Délai de récupération du capital investi
DT : Dettes financières totales
EBE : Excédent brut d'exploitation
EBHE : Excédent brut hors exploitation
EBIT : *Earning before interest and tax*
EBITDA : *Earning before interest, tax, depreciation and amortization*
EDI : Échange de données informatisées
ESO : Excédent sur opérations
ETE : Excédent de trésorerie d'exploitation
ETG : Excédent de trésorerie global
ETHE : Excédent de trésorerie hors exploitation
FCF : *Free cash flow*
FFN : Frais financiers nets
FP ou S : Fonds propres
FRN : Fonds de roulement net
FRNG : Fonds de roulement net global
GPAO : Gestion de production assistée par ordinateur
IP : Indice de profitabilité
IS : Impôt sur le bénéfice des sociétés
K€ : 1 000 euros
MC : Marge commerciale
MEDAFE : Modèle d'évaluation des actifs financiers à l'équilibre
NOPAT : *Net operating profit after tax*
OAT : Obligation assimilables du Trésor
OPA : Offre publique d'achat
PCG : Plan comptable général
P-DG : Président-directeur général
PIB : Produit intérieur brut

QFP : Quasi-fonds propres
RAF : Ressource d'autofinancement
RE ou REE : Résultat économique d'exploitation
REG : Résultat économique global
RFN : Ressources financières nettes
RFT : Ressources financières totales
RHE : Résultat hors exploitation
RN : Résultat net
RNC : Résultat net comptable
ROA : *Return on assets*
ROCE : *Return on capital employed*
ROE : *Return on equity*
ROI : *Return on investment*
ROIC : *Return on invested capital*
RS : Ressources financières stables
SA : Société anonyme
SARL : Société à responsabilité limitée
SCI : Société civile immobilière
SIG : Soldes intermédiaires de gestion
ST : Stocks
TA : Trésorerie-actif
TAFP : Trésorerie accumulée en fin de projet
TCA : Trésorerie cumulée actualisée
TIR : Taux interne de rendement
TIR-G : Taux interne de rendement global
TMO : Taux moyen du marché obligataire
TN : Trésorerie nette
TRI : Taux de rendement interne
TRI-G : Taux de rendement interne global
TVA : Taxe à la valeur ajoutée
VA : Valeur ajoutée
VAN : Valeur actuelle nette
VAN-G : Valeur actuelle nette globale
VFB : Valeur future brute
VNC : Valeur nette comptable
VO : Valeur d'origine
VR : Valeur résiduelle
WACC : *Weighted average cost of capital*

Repères bibliographiques

Ouvrages généraux de gestion financière

BREALEY R. et MYERS S., *Principles of Corporate Finance*, McGraw-Hill, New York, 2005.

BRIGHAM E.F. et HOUSTON J.F., *Fundamentals of Financial Management*, Dryden Press, Chicago, 2006.

CHARREAUX G., *Gestion financière*, Litec, Paris, 2000.

COPELAND T.E. et WESTON J.F., *Financial Theory and Corporate Policy*, Addison-Wesley, Boston, 2004.

LEVASSEUR M. et QUINTART A., *Finance*, Economica, Paris, 1998.

LUMBY S. et JONES C., *Investment Appraisal and Financial Decisions*, Chapman & Hall, Londres, 1998.

VERNIMMEN P., QUIRY P. et LE FUR Y., *Finance d'entreprise*, Dalloz, Paris, 2005.

Ouvrages orientés vers des aspects particuliers

Mathématiques financières et taux d'intérêt

DALBARADE J.-M., *Mathématiques des marchés financiers*, Eska, Paris, 2005.

FERRANDIER R. et KOEN V., *Marchés de capitaux et techniques financières*, Economica, Paris, 1997.

LUBOCHINSKY C., *Les Taux d'intérêt*, Dalloz, Paris, 1990.

SIMON Y., *Marché des capitaux et taux d'intérêt*, Economica, Paris, 1975.

Financement

ALBOUY M. et DUMONTIER P., *La Politique de dividendes des entreprises*, PUF, Paris, 1992.

GINGLINGER E., *Le Financement des entreprises par les marchés de capitaux*, PUF, Paris, 1991.

JACQUILLAT B., *Marchés financiers. Gestion de portefeuille et des risques*, Dunod, Paris, 2004.

MEUNIER H., BAROLET F. DE et BOULMER P., *La Trésorerie des entreprises*, Dunod, Paris, 1970.

MODIGLIANI F. et MILLER M.H., « The cost of capital, corporation finance and the theory of investment », *American Economic Review*, vol. XLVIII, juin 1958, p. 367 à 405.

Investissement

BIERMAN H. et SMIDT S., *The Capital Budgeting Decision : Economic Analysis of Investment Projects*, Routledge, New York, 2006.

COLASSE B., *La Rentabilité de l'entreprise*, Dunod, Paris, 1992.

HUSSON B. et JORDAN H., *Le Choix des investissements*, Delmas, Paris, 1997.

ROUSSEAU P., *Théorie financière et décision d'investissement*, Economica, Paris, 1990.

Ingénierie financière et valeur

BATSCH L., *Finance et Stratégie*, Economica, Paris, 1999.

CABY J. et HIRIGOYEN G., *La Création de valeur de l'entreprise*, Economica, Paris, 2001.

COPELAND T., KOLLER T. et MURRIN J., *La Stratégie de la valeur*, Éditions d'Organisation, Paris, 2002.

GENSE P. et TOPSACALIAN P., *Ingénierie financière*, Economica, Paris, 2001.

HUSSON B., *La Prise de contrôle des entreprises*, PUF, Paris, 2001.

Table des matières

Collection

R E P È R E S

dirigée par

Jean-Paul Piriou (de 1987 à 2004), *puis par* Pascal Combemale,

avec Stéphane Beaud, André Cartapanis, Bernard Colasse, Françoise Dreyfus, Yannick L'Horty, Philippe Lorino, Dominique Merllié, Christophe Prochasson, Michel Rainelli et Yves Winkin.

ÉCONOMIE

SOCIOLOGIE

Insécurité en France (L'), n° 353, Philippe Robert.

Introduction aux *Science Studies*, n° 449, Dominique Pestre.

Jeunes (Les), n° 27, Olivier Galland.

Jeunes et l'emploi (Les), n° 365, Florence Lefresne.

Méthode en sociologie (La), n° 194, Jean-Claude Combessie.

Méthodes de l'intervention psychosociologique (Les), n° 347, Gérard Mendel et Jean-Luc Prades.

Méthodes en sociologie (Les) : l'observation, n° 234, Henri Peretz.

Métiers de l'hôpital (Les), n° 218, Christian Chevandier.

Mobilité sociale (La), n° 99, Dominique Merllié et Jean Prévot.

Modernisation des entreprises (La), n° 152, Danièle Linhart.

Multiculturalisme (Le), n° 401, Milena Doytcheva.

Notion de culture dans les sciences sociales (La), n° 205, Denys Cuche.

Nouveau système français de protection sociale (Le), n° 382, Jean-Claude Barbier et Bruno Théret.

Pouvoir des grands (Le). *De l'influence de la taille des hommes sur leur statut social*, n° 469, Nicolas Herpin.

Personnes âgées (Les), n° 224, Pascal Pochet.

Santé des Français (La), n° 330, Haut comité de la santé publique.

Sciences de l'éducation (Les), n° 129, Éric Plaisance et Gérard Vergnaud.

Société du risque (La), n° 321, Patrick Peretti Watel.

Sociologie de Durkheim (La), n° 154, Philippe Steiner.

Sociologie de Erving Goffman (La), n° 416, Jean Nizet et Natalie Rigaux.

Sociologie de Georg Simmel (La), n° 311, Frédéric Vandenberghe.

Sociologie de l'architecture, n° 314, Florent Champy.

Sociologie de l'alimentation, n° 468, F. Régnier, A. Lhuissier et S. Gojard.

Sociologie de l'art, n° 328, Nathalie Heinich.

Sociologie de l'éducation, n° 169, Marlaine Cacouault et Françoise Œuvrard.

Sociologie de l'emploi, n° 132, Margaret Maruani et Emmanuèle Reynaud.

Sociologie de l'immigration, n° 364, Andrea Rea et Maryse Tripier.

Sociologie de l'organisation sportive, n° 281, William Gasparini.

Sociologie de la bourgeoisie, n° 294, Michel Pinçon et Monique Pinçon-Charlot.

Sociologie de la consommation, n° 319, Nicolas Herpin.

Sociologie de la lecture, n° 376, Chantal Horellou-Lafarge et Monique Segré.

Sociologie de la négociation, n° 350, Reynald Bourque et Christian Thuderoz.

Sociologie de la prison, n° 318, Philippe Combessie.

Sociologie de la ville, n° 331, Yankel Fijalkow.

Sociologie de Marx (La), n° 173, Jean-Pierre Durand.

Sociologie de Max Weber (La), n° 452, Catherine Colliot-Thélène.

Sociologie de Norbert Elias (La), n° 233, Nathalie Heinich.

Sociologie de Paris, n° 400, Michel Pinçon et Monique Pinçon-Charlot.

Sociologie des cadres, n° 290, Paul Bouffartigue et Charles Gadea.

Sociologie des changements sociaux (La), n° 440, Alexis Trémoulinas.

Sociologie des chômeurs, n° 173, Didier Demazière.

Sociologie des comportements sexuels, n° 221, Maryse Jaspard.

Sociologie des employés, n° 142, Alain Chenu.

Sociologie des entreprises, n° 210, Christian Thuderoz.

Sociologie des mouvements sociaux, n° 207, Erik Neveu.

Sociologie des organisations, n° 249, Lusin Bagla.

Sociologie des pratiques culturelles, n° 418, Philippe Coulangeon.

Sociologie des publics, n° 366, Jean-Pierre Esquenazi.

Sociologie des relations professionnelles, n° 186, Michel Lallement.

Sociologie des réseaux sociaux, n° 398, Pierre Mercklé.

Sociologie des syndicats, n° 304, Dominique Andolfatto et Dominique Labbé.

Sociologie du crime (La), n° 435, Philippe Robert.

Sociologie du droit, n° 282, Évelyne Séverin.

Sociologie du sida, n° 355, Claude Thiaudière.

Sociologie du sport, n° 164, Jacques Defrance.

Sociologie du travail (La), n° 257, Sabine Erbès-Seguin.

Sociologie économique (La), n° 274, Philippe Steiner.

Sociologie et anthropologie de Marcel Mauss, n° 360, Camille Tarot.

Sondages d'opinion (Les), n° 38, Hélène Meynaud et Denis Duclos.

Syndicalisme enseignant (Le), n° 212, Bertrand Geay.

Système éducatif (Le), n° 131, Maria Vasconcellos.

Théories sociologiques de la famille (Les), n° 236, Catherine Cicchelli-Pugeault et Vincenzo Cicchelli.

Travail et emploi des femmes, n° 287, Margaret Maruani.

Travailleurs sociaux (Les), n° 23, Jacques Ion et Bertrand Ravon.

Urbanisme (L'), n° 96, Jean-François Tribillon.

Violences contre les femmes (Les), n° 424, Maryse Jaspard.

SCIENCES POLITIQUES-DROIT

Aménagement du territoire (L'), n° 176, Nicole de Montricher.

Collectivités locales (Les), n° 242, Jacques Hardy.

Constitutions françaises (Les), n° 184, Olivier Le Cour Grandmaison.

Construction européenne (La), n° 326, Guillaume Courty et Guillaume Devin.

Décentralisation (La), n° 44, Xavier Greffe.

DOM-TOM (Les), n° 151, Gérard Belorgey et Geneviève Bertrand.

Droits de l'homme (Les), n° 333, Danièle Lochak.

Droit du travail (Le), n° 230, Michèle Bonnechère.

Droit international humanitaire (Le), n° 196, Patricia Buirette.

Droit pénal, n° 225, Cécile Barberger.

Économie politique internationale, n° 367, Christian Chavagneux.

Évaluation des politiques publiques (L'), n° 329, Bernard Perret.

Femmes en politique, n° 455, Catherine Achin et Sandrine Lévêque.

Fonction publique (La), n° 189, Luc Rouban.

Gouvernance de la mondialisation (La), n° 403, Jean-Christophe Graz.

Groupes d'intérêt (Les), n° 453, Guillaume Courty.

Histoire de l'administration, n° 177, Yves Thomas.

Histoire des idées politiques en France au XIXe siècle, n° 243, Jérôme Grondeux.

Histoire des idées socialistes, n° 223, Noëlline Castagnez.

Histoire du Parti communiste français, n° 269, Yves Santamaria.

Introduction à la philosophie politique, n° 197, Christian Ruby.

Introduction à Marx, n° 467, Pascal Combemale.

Introduction au droit, n° 156, Michèle Bonnechère.

Islam (L'), n° 82, Anne-Marie Delcambre.

Justice en France (La), n° 116, Dominique Vernier.

Nouvelle Constitution européenne (La), n° 380, Jacques Ziller.

ONG (Les), n° 386, Philippe Ryfman.

ONU (L'), n° 145, Maurice Bertrand.

Philosophie de Marx (La), n° 124, Étienne Balibar.

Politique de la famille (La), n° 352, Jacques Commaille, Pierre Strobel et Michel Villac.

Postcommunisme en Europe (Le), n° 266, François Bafoil.

Régime politique de la Ve République (Le), n° 253, Bastien François.

Régimes politiques (Les), n° 244, Arlette Heymann-Doat.

Socialisme libéral (Le), n° 466, Serge Audier.

Sociologie historique du politique, n° 209, Yves Déloye.

Socialisme libéral (Le), n° 466, Serge Audier.

Sociologie des relations internationales, n° 335, Guillaume Devin.

Sociologie de la vie politique française, n° 402, Michel Offerlé.

Sociologie du phénomène Le Pen, n° 428, Jacques Le Bohec.

Syndicalisme en France depuis 1945 (Le), n° 143, René Mouriaux.

Théories de la république (Les), n° 399, Serge Audier.

Union européenne (L'), n° 170, Jacques Léonard et Christian Hen.

GESTION

Analyse financière de l'entreprise (L'), n° 153, Bernard Colasse.

Audit (L'), n° 383, Stéphanie Thiéry-Dubuisson.

Calcul des coûts dans les organisations (Le), n° 181, Pierre Mévellec.

Capital-risque (Le), n° 445, Emmanuelle Dubocage et Dorothée Rivaud-Danset.

Comptabilité anglo-saxonne (La), n° 201, Peter Walton.

Comptabilité en perspective (La), n° 119, Michel Capron.

Contrôle budgétaire (Le), n° 340, Nicolas Berland.

Contrôle de gestion (Le), n° 227, Alain Burlaud et Claude J. Simon.

Culture d'entreprise (La), n° 410, Éric Godelier.

Éthique dans les entreprises (L'), n° 263, Samuel Mercier.

Gestion des ressources humaines (La), n° 415, Anne Dietrich et Frédérique Pigeyre.

Gestion financière de l'entreprise (La), n° 183, Christian Pierrat.

Gestion prévisionnelle des ressources humaines (La), n° 446, Patrick Gilbert.

Gouvernance de l'entreprise (La), n° 358, Roland Perez.

Introduction à la comptabilité d'entreprise, n° 191, Michel Capron et Michèle Lacombe-Saboly.

Management de la qualité (Le), n° 315, Michel Weill.

Management de projet (Le), n° 377, Gilles Garel.

Management international (Le), n° 237, Isabelle Huault.

Méthodologie de l'investissement dans l'entreprise, n° 123, Daniel Fixari.

Modèle japonais de gestion (Le), n° 121, Annick Bourguignon.

Normes comptables internationales (Les), n° 457, Chrystelle Richard.

Outils de la décision stratégique (Les) :
1 : Avant 1980, n° 162,
2 : Depuis 1980, n° 163,
José Allouche et Géraldine Schmidt.

Sociologie du conseil en management, n° 368, Michel Villette.

Stratégies des ressources humaines (Les), n° 137, Bernard Gazier.

Théorie de la décision (La), n° 120, Robert Kast.

Toyotisme (Le), n° 254, Koïchi Shimizu.

Composition Facompo, Lisieux (Calvados)
Achevé d'imprimer en septembre 2006 sur les presses de l'imprimerie Europe Media Duplication à Lassay-les-Châteaux (Mayenne)
Dépôt légal : octobre 2006
N° de dossier : 16174
Imprimé en France